路上に自由を

小倉利丸 編

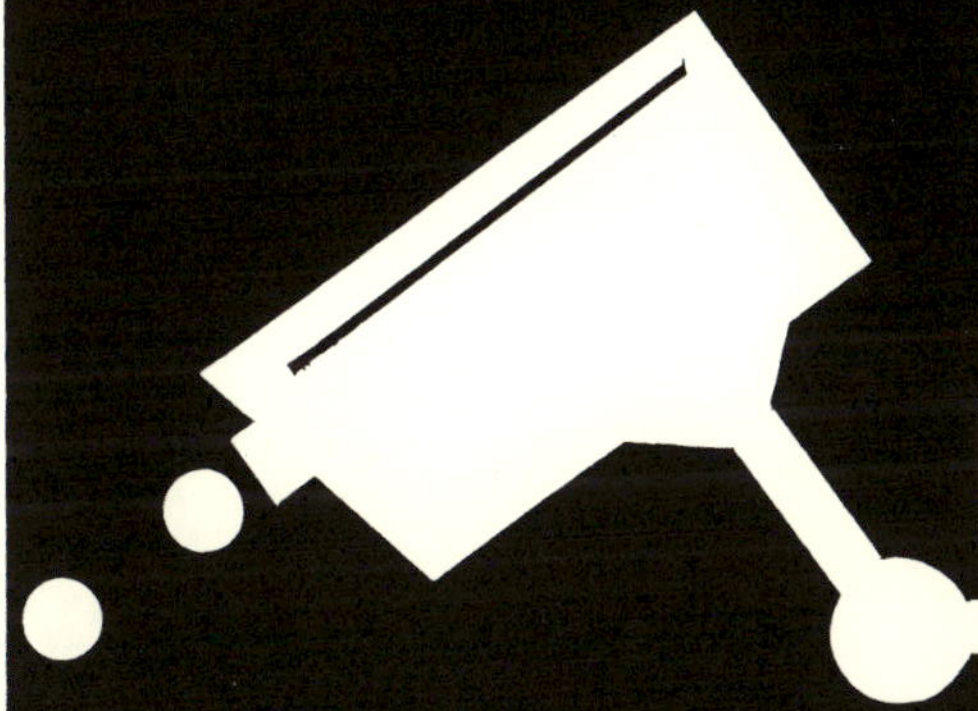

監視カメラ徹底批判

インパクト出版会

路上に自由を——監視カメラ徹底批判＊目　次

監視カメラと街頭管理のポリティクス
ターゲットにされる低所得層とエスニック・マイノリティ

小倉利丸

はじめに

監視カメラは、ここ数年だけをとってもメディアがセンセーショナルに報じる事件や出来事のたびに普及が加速されてきた。たとえば、韓国と日本が共同開催したワールドカップでは、イギリスからのフーリガンの大挙来日と暴動などという根拠のない情報をもとに、競技場や試合会場となった都市に膨大な数の監視カメラが設置された。犯罪多発地域という理由から、歌舞伎町をはじめとする都市部の繁華街に数十台規模でネットワーク化された監視カメラが設置された。さらに学校や住宅街で発生した凶悪犯罪事件をきっかけに監視カメラは繁華街から住宅地域にまで広がりをみせるようになっている。そして、九・一一の同時多発テロをきっかけに、空港の監視カメラの整備・強化が図られてきた。

こうして、私たちの生活のなかで監視カメラの目を逃れることはほどんど不可能に近くなっている。車を運転すればNシステムに、銀行、商店街、コンビニなどの店舗では防犯カメラが、さらに空港などの公共施設では「防犯」という概念を超えて、「テロ」や「不法入国」の監視目的でカメラが設置され、私たちの行動は監視されている。

これだけ普及すると監視カメラを廃止するなどということはとうてい不可能にみえてくる。また、「防犯カメラ」の映像が決め手となって容疑者が検挙されたといった報道に接すると、テロや犯罪が実際の脅威としてある以上監視カメラは必要であるという考え方を否定することは大変困難なようにみえる。むしろ監視カメラ廃止などといわずに、監視カメラの存在を基本的には容認したうえで、その設置についてのルールをきちんと定めるという妥協案こそが現実的な対応だという主張が理解をえやすい「おとなの論理」のように見えてしまう。事実、国会でも、盗聴法や住基ネットでは反対の態度で野党の足並みが揃ったが、監視カメラ問題では、与野党が全会一致で敷地の内外に監視カメラ設置を決め、民主党はまた容認のうえで法的なルールによって設置に一定の条件を定めることで野放し状態を改善する監視カメラ規制法案を出すなど、廃止論はほとんどみられない。

本稿でわたしは、あえて条件付き監視カメラ容認という立場ではなく、原則論としての監視カメラ不要論を論じてみようと思う。いいかえれば、監視カメラを必要としない社会を目指すべきだと主張しようというわけだ。監視カメラを一挙に廃止するのか、それとも徐々にその数を減らすのかといった監視カメラを不要とするに至るプロセスは重要な課題だが、それ以上に本稿で私が述べようと試みたのは、監視カメラを必要とする社会のどこがいけないのか、なぜ監視カメラを必要としない社会を目指すことが必要なのかを述べることにある。その際、従来から多くの批判がある治安維持や、市民の正当な政治活動、市民的不服従の運動を監視するような目的の監視カメラ、あるいは政府や警察のいうテロ対策の監視カメラについては、余り多くを言及しないことにした。むしろ、犯罪の防止という一見すると誰もが否定し難い目的で設置される監視カメラに焦点をあてて、その批判を試みるつもりだ。というのも、多くの場合、一般刑事犯罪取締り名目の監視手段が、治安維持や政治的監視に転用されており、この転用を阻止するには、そもそもの刑事犯罪の取締りとしての監視カメラに遡って、その問題を明らかにする必要があるからである。この点をふまえて、私は本稿で、監視カメラはこの社会の政治的経済的な支配の構造が本来であれば負うべき責任を回避して、社会的な矛盾と不可分に現れる街頭犯罪の原因を犯罪者個人に還元する一方で、社会のなかの低所得層やエスニックマイノリティを監視するものだということを指摘するつもりだ。そして、監視カメラは決して中立的なシステムではないし、犯罪を抑止したり防止できるものでもないということを指摘したい。

監視カメラへの批判にはいくつかのアプローチの方法がある。もっとも基本的で手堅い方法は、プライバシーの権利や肖像権などを根拠に監視カメラの設置を批判的に論じる方法だろう。しかし、本稿では監視カメラの問題をプライバシーの観点から述べることにはあまり多くのページを割いていない。プライバシー問題が重要ではないということではなく、プライバシーの観点からのアプローチは本書で他の著者が詳細に試みているから、重複を避ける意味でも必要な限りで言及するにとどめた。また、個別の事例についてもたちいった議論はしていない。これについても本書の他の著者たちが詳しく論じている。むしろわたしは本稿で、右に述べた観点から監視カメラの設置を促すような社会的構造的制度的な背景に焦点をあてることにした。

1、監視カメラを肯定する考え方

●監視カメラに関する石原都知事の発言

警察や政府、自治体の犯罪取締り部門は概して監視カメラの設置に肯定的である。監視カメラ設置を積極的に進める急先鋒が東京都知事、石原慎太郎であることはよく知られている。彼は都議会で再三にわたり監視カメラの設置に積極的な姿勢を表明してきた。たとえば、次のような議会での発言がある。

「今定例会には、地域と自治体、民間企業などが力を合わせて安全なまちを実現するため、安全・安心まちづくり条例を提案しております。これにより、都民と行政が協力して協議会を立ち上げ、ボランティアなどの結集を図るほか、スーパー防犯灯や防犯カメラなどの設備の普及により、犯罪の起こりにくいまちづくりを進めてまいります。(1)」

「防犯カメラ」すなわち監視カメラの設置はその他の防犯政策、特に「安全・安心まちづくり条例」や都民の協力といった法制度とコミュニティレベルでの犯罪防止への積極的な取り組みと一体のものとして位置づけられている。では、石原がここで防止すべき犯罪として想定しているのはどのようなものなのか。上記の発言に先だって、東京都の犯罪事情を次のように概括して述べている。やや長いが引用しておく。

「喫緊の課題として、まず取り組むべきは治安の回復であります。

かつて我が国は、世界最高水準の治安を誇っておりましたが、近年では、犯罪認知件数や検挙率が戦後最悪を更新し続け、都民生活に深刻な影響を及ぼしております。治安の崩壊は、ずさんな入国管理や不法残留者の手ぬるい摘発、刑務所、拘置所の絶対的な不足など、国が本来の役割を十分果たさず、国民の生命財産を軽視してきたことに起因しております。

東京都は、こうした事態を座視することなく、あらゆる方策を講じて都民の不安を大幅に軽減していきたいと思っております。

不法入国、不法滞在外国人に対しては、新宿歌舞伎町において、既に警視庁と入国管理局が合同で、一斉取り締まりをこの三カ月間連続して実施しております。今後とも、繁華街を中心に波状的な取り締まりを行い、外国人犯罪組織を壊滅に追い込んでいきたいと思っております。

また、東京湾での密入国事件が相次いでおり、水際の守りを固める必要があります。東京都は、国に対して東京港全域の警備強化を強く求めるほか、港湾管理者として、ふ頭の密入国防止策を強化してまいります。

近年では、ひったくり、車上ねらいといった街頭犯罪や空き巣などの侵入犯罪が増加し、都民が治安の悪化を感じる大きな要因ともなっております。東京のまちに再び安全を取り戻すためには、身近な地域で安全、安心を実感できる水準にまで警察力を高めていく必要があります。既に機動隊による街頭活動を開始するなど対策を講じておりますが、これに加えて今後は、国に対して警察官の増員を求めるほか、警視庁の業務の効率化や行政サイドからの支援など、さまざまな方策を通じて街頭パトロールを強化してまいります。

先日、繁華街の防犯パトロールを行っているボランティアの若者たちと話をする機会がありました。彼らの自主的な活動に見られるように、治安の回復には、地域、地域で犯罪を抑止することが大変重要であります。[2]」

そして石原は治安担当の副知事を設置し、「警視庁や国、首都圏自治体とのコーディネーターの役のほか、都民、事業者、ＮＰＯなどと一体となって、犯罪のないまちづくりを進める牽引役」をこの副知事に与えた。

石原の右の発言には次のような特徴が見い出せる。

第一に、治安の悪化が顕著であること。

第二に、その原因は「ずさんな入国管理や不法残留者の手ぬるい摘発、刑務所、拘置所の絶対的な不足など、国が本来の役割を十分果たさず、国民の生命財産を軽視してきたこと」にあると認識していること。

第三に、不法滞在外国人や密入国の取締りを強化すること。

第四に、ひったくり、車上ねらいといった街頭犯罪や空き巣などの侵入犯罪が増加しており、街頭犯罪の取締りが重要であるということ。

第五に、地域住民、自治体、民間企業の連携が重要であるということ。

しかし、この石原の発言はまったく客観性に欠けており、マスメディアが警察などの情報操作に基づいて発信する根拠に乏しい状況証拠によって扇られた大衆的な不安感情を巧みに利用している。後に述べるように治安が悪化している証拠は乏しいだけでなく、犯罪の原因を主として外国人に求めることはもっと根拠がない。犯罪全体の動向を見た場合、外国人犯罪は、大きな割合を占めているわけではないし、街頭犯罪がその他の犯罪にくらべてとくに悪質であるということもできない。にもかかわらず、石原の発言は、外国人と街頭犯罪を不当に過大視し、その結果として、犯罪の問題は外国人問題や公共空間の「治安」問題に絞り込まれることになった。歌舞伎町は外国人と街頭犯罪という二つの条件を満す地域として格好のターゲットにされたといえる。歌舞伎町で働く多くの外国人労働者が性産業関係であることから、彼女たちを摘発することに大きな世論上の抵抗がないことを見透かして、性産業のなかでも日本人のセックスワーカーが嫌うような最底辺の性労働に従事する彼女たちをいわば見せしめ的に摘発の対象とし、これを足掛かりに、外国籍の人々の排除の突破口を開こうというものだ。ここには明らかな民族差別、性差別、職業への蔑視があり、歌舞伎町の監視カメラはこれら日本の諸々の差別と抑圧の象徴である。そしてまた、この監視カメラは、その地域が安全であるというサインになっているのではなく、むしろ警察が監視しなければ安全が守れない危険な地域であるというメッセージとなっている。監視カメラは、人々に不安を醸成すると同時に、人々自らが安全への努力を試みることを放棄して、安全を警察やセキュリティ産業に委ねてしまうことを意味しているのである。

●警察白書にみられる監視カメラへの評価

石原ほど直截な表現ではないが、『犯罪白書』や『警察白書』も街頭犯罪や外国人犯罪への高い関心を示している。いずれの場合も、犯罪の認知件数、検挙件数、検挙率などのデータを示して、近年の犯罪の傾向として街頭犯罪や外国人犯罪の増加と検挙率の低下を指摘している。たとえば、『警察白書』二〇〇二年版では、歌舞伎町を例に挙げて次のように述べている。

「東京都新宿区歌舞伎町地区は、[平成]一二年中の刑法犯認知件数が都内平均の約四〇倍、凶悪犯に至っては約一八五倍となっており、犯罪が発生するがい然性が極めて高い地域であった。警視庁は、一三年度に、同地区内に街頭防犯カメラ五〇台を設置し、その結果、ひったくり、すり、粗暴犯等の認知件数が大幅に減少したほか、殺人未遂や悪質客引き事件等の検挙につながった(3)」

歌舞伎町が犯罪多発地域であること、監視カメラがその犯罪の防止に役立っていることは繰り返し指摘されている。しかし、歌舞伎町に関しては、二〇〇三年に入って、ふたたび犯罪の発生件数が監視カメラ設置前の水準にまで急増していることが明らかとなり、監視カメラの効果に大きな疑問をなげかけるような事態になっている。『読売新聞』によれば、二〇〇三年一月から六月の犯罪認知件数は一〇六〇件で昨年同期の八六〇件を大きく上回り、暴行・傷害事件も二五件から三一件に増加したという(4)。

このように、監視カメラの設置が必然的に、犯罪の抑止力になるわけではない。しかし他方で監視カメラを設置しても効果はないと判断するのは早計であろう。監視カメラの設置については、単なる効果の是非だけでなく、設置を正当化する背景をなす犯罪観や治安維持観それ自体を検証しなおすことが必要であり、さらに監視カメラを設置するような警察や政府、自治体の「セキュリティ」意識それ自体にひそむ偏見や政治的な意図を見抜く必要があるだろう。

●監視カメラ設置の理由

監視カメラ設置が急速に進んだ背景には九・一一の同時多発テロをきっかけにしたセキュリティへ強化を打ち出すことで存在感をアピールしようとする警察や治安当局の行動があったことはたしかだが、それ以前から監視カメラへの関心は高かった。現在の監視カメラ問題を論じるときに必ずといっていいほど引き合いに出されるのが警視庁が都市防犯研究センターに委託した「コミュニティセキュリティカメラに関する調査研究」報告書(二〇〇一年三月)である。

この報告書では、犯罪の認知件数が二〇〇一年までの一〇年間で二一・四％増加し、「戦後最悪の数字を更新」したこと、とくに凶悪犯、粗暴犯の増加が目立つ一方で検挙率は減少し続けていることを指摘し、次のように述べている。

「このような犯罪の多発傾向の背景には、外国人組織犯罪の増加や少年犯罪の凶悪化、暴力団の暗躍などに加え、地域の連帯感の希薄化による犯罪抑止力の低下などの問題があり、警視庁においても引ったくり事件総合対策、ピッキング用具使用侵入盗事件総合対策をはじめ、外国人組織犯罪、少年非行防止等に全庁を挙げて取り組んでいるというが、すでに警察力の限界に達しているとみられ、犯罪増加傾向に歯止めがかからない状況にある。

他方、警察官の増員は望めない現状にあり、このような状況に対処するために、警視庁においては、ＩＴ化等による業務の効率化、警察署への定員のシフト、ボランティア団体への協力要請等に努ているところであるが、さらに、防犯機器その他資機材の導入による犯罪防止、捜査支援を推進する必要がある。そこで、そのための施策の一つとして犯罪多発地域に防犯カメラを設置し、これを活用することにより、犯罪被害の未然防止と犯罪の予防を図ることが必要であると認められる。(5)」

そもそも、監視カメラの設置の是非を犯罪の発生に対する効果との関係だけで論じてよいわけではない。監視カメラそれ自体は、犯罪の監視にも使えれば市民の権利としての行動を不当に監視する目的でも使うことができるのであって、こうした転用の問題についてもきちんとした判断を示す必要がある。さらに私たちが忘れてならないのは、「犯罪」という名前の抽象的な犯罪があるわけではなく、犯罪行為はつねに具体的社会的な文脈の仲で引き起こされる具体的な行為だということだ。窃盗目的で建物に侵入する行為と、労働争議や住民の抗議行動で建物にガードマンの制止をふりきって踏み込む行為は、外形的には同じ「住居不法侵入」のように見えるかもしれないが、一方は明らかな犯罪だが他方は正当な市民的な権利行使であるというように、同じように見える行為でも全く異なった評価を下さなければならないことがたくさんある。そして、このことは、同時に監視カメラをどのようなロケーションで設置するのか、つまり誰を監視対象にするのかという問題とも深く関わりがある。

●監視カメラの効果低減の理由は何か

鳴り物入りで導入された歌舞伎町の監視カメラがなぜ効果を発揮しきれなくなったのか。その理由について、捜査当局がどのような判断を下しているのか明らかではない。しかし、短期的であれ、監視カメラが当初のもくろみ通りの効果をあげられなくなった理由をいくつか推測してみることは必要である。

監視カメラの設置の効果の低減の理由は以下のようにいくつか考えられる。

第一に、監視カメラは設置されていても、このカメラが有効に機能していないと加害者側が判断した。ダミーの監視カメラはそれがダミーであると見破られない限りにおいて効果を発揮するように、監視カメラもその設置の当初はその効果に警戒して犯罪の発生件数は減少するかもしれない。しかし、ある程度の期間を経ることによって、監視カメラの性能やその犯罪捜査への貢献などについての経験的な情報が蓄積されるにつれて当初予想されていたほど監視カメラは検挙に効果を発揮していないという判断を下せるようになった。

第二に、監視カメラ下での犯罪のノウハウの蓄積。コンビニ強盗が監視カメラに顔を録画されるのを防ぐために、フルフェースのヘルメットを被ることが一時期流行った。このように、監視カメラの性能や効果に対してそれに対抗する防御手段が加害者側でさまざまに工夫された。

第三に、いままで警察に通報されていなかった犯罪の通報が増えた。犯罪発生件数にはいわゆる「暗数」があると考えられる。つまり全ての犯罪が正確に警察に通報され記録されるわけではない。特に軽微な犯罪になればなるほど通報の割合は下がると言われている。監視カメラの設置などによって人々の治安への関心が高まって、従来ならば通報されていなかったような犯罪が通報されるようになり、その分認知件数が増加したのかもしれない。

第四に、警察の取締り強化によって、従来見過ごされてきた犯罪が摘発されたり、認知されるようになる確率が高まった。あるいは、従来は黙認されていたような違法行為について捜査機関が黙認しなくなった。歌舞伎町での取締り強化のような特別のプロジェクトによって、犯罪としての認知件数が増加した。二〇〇三年四月に警視庁の組織犯罪対策本部の開設にあわせて実施された大がかりな摘発やその後の石原都知事の「不法残留」外国人の摘発強化などの一連の強権的抑圧的な政策がとられた結果としての犯罪の見かけ上の増加かもしれない。

しかし、犯罪を抑止したり防止できるのであればどのような手段をとってもよいというわけではない。監視カメラが何らかの効果をもたらしているという場合であっても、つぎのような点を考慮に入れる必要がある。

(1) 効果についての評価。その効果は短期的で対症療法的であれば、犯罪そのものを減少させる効果にむすびつかない。

(2) 副作用についての判断。効果が認められても、同時にプライバシーや人権侵害などの副作用もまた大きい場合、この副作用を軽視すべきではない。

(3) 街頭犯罪の位置づけ。監視カメラが主として対象とする街頭犯罪をその他の犯罪類型との相対的な比較において過剰に重要視すべきではない。

監視カメラ批判派は、監視カメラの設置効果が低減したことから監視カメラに対してネガティブな結論を導くかもしれないが、捜査当局はたぶん逆の結論をだすに違いない。監視カメラの設置が犯罪増加という現状に追い付いていない、あるいは犯罪がより巧妙になって、監視カメラが十分に機能できなくなっており、より強力でより緻密な監視カメラ網の設置が不可欠だ、という方向で主張を展開することになるだろう。一般に、捜査当局は、その技術の有効性が疑われる場合、同一の技術の高度化によって有効性を取り戻そうとする。しかし、この高度化した技術もまた早晩有効性を低減させてゆくだろう。そしてまた更なる技術の高度化がうながされる。こうした治安維持技術の高度化は、その副作用としてますます多くの犯罪とは無関係な人々を監視網に巻き込み、彼らのの自由やプライバシーを侵害することになる。つまり、プライバシーの権利を制約してでも監視カメラの技術の高度化や強化によって、犯罪の発生率を押さえ込もうと考えると思われる。歌舞伎町の場合、バイオメトリックス対応のカメラは導入されていないといわれているから、今後はそうした方向に向かうおそれがある。

2、監視カメラ問題を監視社会全体のなかに位置づける

監視カメラの設置について、もっとも多くみられる考え方は、犯罪が多発しているのであれば、その被害を防ぎ犯人の検挙率を高めるうえでも必要ではないかというものだろう。

しかし、監視カメラは、こうした犯罪の予防や捜査目的に利用できるだけでなく市民の正当な活動を監視する目的にも容易に転用可能である。この点についての歯止めが事実上なされていないために、これまでも監視カメラへの批判が繰り返されてきた。法執行機関による監視型捜査がもたらしてきた人権侵害とそれへの予防措置不在という現状からみて、私もこうした批判が十分に意味のあるものであると考えている。たとえば、盗聴法の制定過程で繰り返し論じられてきた捜査機関の違法な捜査への技術的な歯止めをいかに確実なものにするかに関する国会での議論は、けっきょくのところ、まったく考慮されることなく盗聴装置は捜査員が違法行為を行わないという前提で、議会や第三者のチェックもなく警察庁の仕様通りのものが導入

された。また、盗聴法成立以後の盗聴捜査は、本来の法の趣旨を逸脱して、必ずしも必要とは思えないケースについても実施されており、盗聴法成立以前の違法な盗聴捜査も含めて、監視型捜査は、一旦それに必要な技術が捜査当局に与えられてしまえば、かなり恣意的な利用が「裁量権」などの名目でまかり通る危険性が常につきまとうのである。

では、こうした捜査機関による過剰な監視とならないような純粋に犯罪防止に用いられるのであれば、監視カメラの設置は認めていいのだろうか。たぶん、多くの市民もこの点は「仕方がない」と考えるかもしれない論点だろう。しかし、「仕方がない」とはいえないどころか、むしろこうした妥協は容認できない検討すべき重要な論点があるのだ。警察が犯罪防止で設置する監視カメラは、歌舞伎町に典型的なように主として路上など公共空間に設置され、対象となる犯罪も主として街頭犯罪である。監視カメラの設置の問題は、路上犯罪の取締りにおける警察権力の行使はどのような性格をもつものなのか、という問題を論じないわけにはいかないのである。街頭犯罪は、犯罪のなかでも特殊な性格をもっており、その社会の制度的な矛盾を反映している。街頭犯罪も犯罪に違いないから取り締ることにどのような「問題」があるのか、と疑問に思う読者もいるかもしれない。この点で犯罪をどのように理解するかが重要な意味を持つことになる。警察が街頭の犯罪にどのような態度で向かい合っているかは、その社会がどれだけ経済的政治的社会的なマイノリティや底辺層に対して敵対的であるかのひとつの指標なのである。

●街頭犯罪と社会諸制度

街頭犯罪は、特異な犯罪ではなく、社会のなかで繰り返される社会現象である(6)。路上の車から一〇〇万円を盗むのと、企業の経営者が労働者の「サービス残業」という抜け道を利用して一〇〇〇万円を搾取するは、ともに不当な方法による金の取得方法である。しかし、社会的な文脈のなかで見た場合、この二つには大きな違いがある。一般に、サービス残業による資本家の搾取は窃盗とはみなされないどころか、このような資本家の要求に応えようとしない労働者の方がむしろ怠惰だとか反抗的だとみなされ、リストラされるか、過労死や自殺の道を選ぶかといった選択肢しかのこされないような環境に置かれる。街頭犯罪は、大企業の経営者のやる犯罪とは考えられていない。かれらならば路上犯罪のリスクを冒さなくても、サービス残業のように合法的な方法で不正な富の取得が可能だからだ。あるいは、環境破壊や違法な労働組合つぶしなどの企業の犯罪は街頭犯罪のように明確な犯罪として認知されないまま放置されるケースが多く見られる。だから、街頭犯罪には階級的な偏りがあるとみていい。つまり、低所得層の犯罪であるとみてよいケースが多く、これはほぼ学説的にも共通の理解になっているといってもいい(7)。さらにまた、こうした街頭犯罪にみられるような犯罪をセンセーショナルに取り上げ、こうした犯罪類型を犯罪の典型的なものとみなして、それ以上に社会的に大きな損失をもたらしているいわゆるホワイトカラーの犯罪や社会的に地位の高いものがなしうる犯罪を軽視する傾向が一般にみられるという点も多くの批判的な犯罪学者が指摘している。社会や人々に深刻な被害を与える企業や政治家の犯罪を相対的に軽視する一方で、路上犯罪をあたかも重大な犯罪、社会の秩序を乱す主要な原因であるかのようにみなす警察の取締り強化の傾向は、必ずしも公正な態度といえず、むしろ警察がもっている低所得層、若者、少数民族（とりわけアジア系や有色人種）への差別と偏見を背景としている可能性を否定できない。

街頭犯罪が社会制度とどれほど密接な関わりをもっているのかについて、ゲリー・ラフリーは、『正統性の喪失―アメリカの街頭犯罪と社会制度の衰退』(8) のなかで、戦後の米国の街頭犯罪について詳細な検討を行っている。ラフリーは、米国では、六〇年代と八〇年代から九〇年代の二つの時期に街頭犯罪が大きく増加していることを指摘し、なぜ街頭犯罪が時期的に大きな変化を表すのかを説明する枠組を提供しようと試みている。彼は、変化が急激であることから、犯罪が犯罪者の性格や私的な環境に還元して説明できるようなものではなく、社会的な環境変化が犯罪増加を説明する上で不可欠の要件であるということを論じた。彼は、従来から指摘されていたような経済的な格差や、社会的な価値とその達成手段が不当に奪われることから生じる摩擦などの要因を詳細に分析しながら、政治、経済、家族という三つの制度が大きく揺らぎ、その信頼が損なわれることと犯罪の発生率との間に密接な関係があるという仮説を提起した。彼は、一般に高度成長期にあたる六〇年代に米国で街頭犯罪が急増した理由を次のように整理している。

「一九六〇年代に政治不信が増大し、収入格差が拡大し、伝統的家族が執拗に異議を突きつけられた結果、戦後アメリカでは犯罪の波が生じた。（中略）［政治、経済、家族］の三つの制度の正統性の衰退は、犯罪に対していずれも同じ意味を有している。すなわち、政治不信の増大は人々が政治を尊重しなくなり、そのルールに従った行動をとらなくなることを意味する。収入の格差の拡大は、経済活動を誰が行うにしても法にしたがって行動するに値するものとは、人々がみなさなくなることを意味する。伝統的家族制度の正統性の減退は、ルール遵守の重要性を子どもに教え、この厳守を監視し、犯罪から子どもを保護する家族の動機づけと能力が低下したことを意味する[9]」

ラフリーは、このように述べる背景として、六〇年代の公民権運動、ベトナム反戦運動などを通じて、米国の政治への信頼が低下すると同時に、全体としての所得の増加がみられた時期であっても相対的には白人と黒人などのエスニックマイノリティとのあいだの経済的な格差は大きく、その差別構造に大きな関心が寄せられて経済システムそれ自体の公正さに大きな疑問が投げ掛けられたこと、そして、女性解放運動が伝統的な家父長制的な家族制度に異議を申し立て、家族制度への信頼が揺いだことを指摘している。

街頭犯罪の問題から私たちが理解しなければならないのは、社会のルールを逸脱することへの抵抗を弱める条件が、加害者の側にのみ帰せられるべきものではなく、社会の支配的な構造の側にも存在するということである。つまり社会の支配の正統性が確保されえない状況、言い換えれば社会のルールや規範を人々が積極的な価値として肯定できないような状況が生みだされればうみだされるほど、逸脱への傾向は強まる。これは、明らかな政治あるいは統治の失敗なのである。しかし、このことは、失われた旧来の正統性を元通りに回復することで解決できることではない。ラフリーが六〇年代について論じたように、人種差別が問題化したことによって政治的、経済的な制度への正統性が揺いだとすれば、それは人種差別を構造化し、人種差別を当然のこととしたうえで成り立ってきた政治的経済的な制度の側を変えることが必要なのである。同じように、家父長制的な家族関係の正統性の喪失に対して、復古的な家族制度の強化は決して有効な方策ではなく、どのようにジェンダー間の公正で平等な関係を制度として保障できるかの模索が必要なのだ。しかし、監視カメラの設置や、「要塞都市」のようなセキュリティの高度化は、喪失しつつある政治的、経済的な正統性を、復古的に回復しようとすること、あるいは、有産階級や支配民族による排他的なセキュリティに帰結するだけなのである。

本書の監訳者である宝月誠はその解説でラフリーが別の論文で試みている日本に関する分析を紹介して、日本の場合、戦後の犯罪率の低さは、「日本特有の文化や集団主義に基づくものではなくて、経済的圧迫の減少に基づくものである」と指摘し、もしこの仮説が正しいとすれは、経済状態の悪化している現状では、「収入格差の広がり、貧困層が増えるにつれて経済制度への正統性はゆらいでくるが、それに政治制度や家族制度の不安定が加われば、社会は一気に解体に向かい、その結果として犯罪も増加する(10)」と指摘している。事実、所得格差の広がりばかりでなく、ここ数年にわたり三万人を超える自殺者を出し、そのうち、主として仕事上の問題を原因としているとみられる自殺者がかなりの数にのぼるとみられていること、少子化に反映されている社会の将来への信頼の低下などは、あきらかに日本の社会諸制度そのものが大きく揺いでいる証しである。政治制度への信頼も、小泉内閣の支持率の高さばかりに注目が集まっているが、国政選挙の投票率は六割前後であり、八〇年代にくらべて一〇ポイントは確実に下がっている。また、刑法犯（交通関係業務上過失を除く）の検挙人員に占める少年の割合は五割近くを占めている。この割合は八〇年代以降若干の増減はあるがそれほど変化していない。[11] こうしたさまざまないわゆる「社会病理」現象と街頭犯罪とは決して無関係ではなく、それらは、いずれも現代の日本社会における底辺層や都市の低所得市民層への経済的な搾取と市民的な権利の剥奪という権力状況と不可分なものとして理解する必要がある。米国で繰り返し指摘されているように、警察の取締りが人種差別を背景に、有色人種に偏る傾向があると指摘されるように、日本においても、アジア系の外国人は偏見に基づいて人権侵害と不公正な扱いを受け、路上の若者は、大人であれば見逃されるか職務質問されることもないような事柄でも職務質問の対象とされて、微罪で検挙される。こうした差別と不公正な権力の行使が権力の正統性を掘り崩す。この不公正を見逃す多くの市民たちは、そのことが自分達にいかに不利益となっているかに気づかないだけでなく、外国人や若者を犯罪者扱いする権力者の眼差しを内面化し、この権力に加担してしまう。しかし、そうした市民層が権力の偏見を内面化すればするほど彼らは不安にかられ、排外主義を支える大衆的な基盤となっていまう。この不安と排除の象徴が街頭の監視カメラなのである。

●外国人犯罪というカテゴリーの問題点

最近の警察の取締りの重点項目として挙げられるのが「外国人犯罪」というカテゴリーである。『犯罪白書』も『警察白書』もこのところ「外国人犯罪」に重点を置いている。しかし、外国人と犯罪との間に必然的な関係があるわけではない。つまり日本人に比べて外国人の方が犯罪を犯しやすいという何らかの民族的な傾向があるわけではない。橋本光平の推計によれば、外国人犯罪の推定犯罪率は一九九八年までの三〇年間減少しつづけているだけでなく、日本人の犯罪率を下回っている。(12) しかし彼は、「短期的労働移動が主で、在日コミュニティの歴史も浅いアジア人グループ」が犯罪数急増の中心をなしていると指摘して、長年にわたりエスニックコミュニティを形成している在日外国人の集団とはっきりと区別すべきであると指摘している。しかし、新たに来日するアジアの人々を、その相対的な犯罪率の高さを理由に監視対象として容認してよいわけではない。むしろこうした新たな参入者への監視や危険視、排除の動きそれ自体が、犯罪率の高さと連動しているとみるべきである。さらに問題なのは、渡辺英俊が指摘しているように、外国人犯罪が必ずしも日本国内の犯罪動向のなかでとりわけ深刻な状況にあるわけではないにもかかわらず、警察とマスコミのセンセーショナリズムによって課題に焦点化している点である。外国人犯罪と呼ばれるカテゴリーのなかには日本人であれば違法ではない行為、すなわち在留期限切れなどの入管法違反が起訴された者のうちの半数（約六〇〇〇件）を占めている。検挙件数でみても約二六〇〇〇件のうちの約七〇〇〇件が入管法違反である。

しかし、警察や政府、自治体は、むしろ犯罪の社会集団としての外国人というカテゴリーを与件とした対策をとりがちだ。つまり、外国人は犯罪を犯しやすい、従って、外国人を排除すれば外国人の犯罪も減少する、というわけだ。たしかに、外国人が一人もいなくなれば外国人犯罪は存在できない。しかし、これは、「民族浄化」の発想と何ひとつ変わらない極めて危険な考え方だ。

特に警察や法務省が強調するのは、アジア系など非欧米外国人のなかで未登録の外国人やオーバーステイの外国人が犯罪者となる可能性が高いというものである。これは、未登録（つまり、密航や不法な方法で入国した者）や在留期限を超えて滞在している外国籍の人々がそもそもの意図として犯罪を目的に日本に滞在していると考えることが合理的かどうかは十分検討する必要がある。むしろこれらの多くの人々は、日本で仕事をしたいがために入国したかあるいは残留しているケースや、人身売買の被害者のように自分の自由意思によることなく入国したか、入国に際して、あるいは入国後に不当な方法で債務を負わされ働かざるを得ないといった事情の人々である可能性も大きいのではないだろうか。しかし、こうした人々が、ただ単に日本国籍を持たないというだけの理由で、日本で労働者としての正当な権利を保障されず、またその弱点につけこんで低賃金や劣悪な労働環境での労働を強いられ、不況で不要になれば真っ先に解雇して街頭に放り出すといった状況のなかで、生存権などの基本的な人権を権利として主張できない状況にある。犯罪目的で来日する外国人に注目する警察や行政の考え方は、外国籍の人々が日本の中での人権と市民的な権利が保障されて、コミュニティが形成できる客観的な環境を日本の社会自体が排除しているという根本の問題を無視している。コミュニティの形成がうまくいっていれば、犯罪目的の来日は確実に減るはずだからだ。いわゆる外国人犯罪は、日本社会の排外主義の反映とみるべきなのだ。

したがって、問題は外国人が犯罪を犯すような状況を生み出している日本の社会全体のありかたを視野に入れる必要があるということになる。日本国籍を持つ者との間の市民的な権利の格差や民族差別、言語上文化上の権利の制約など多くの障壁が、あらたに日本にやってきた外国人の人々を疎外することになる。既存の制度やエスニック集団と新たな参入者集団との間で社会的な摩擦がもたらされることはすでによく知られている。いいかえれば、社会があらたな人々を受け入れるのにはそれなりのリスクを伴うのであって、わたしたちが完全な排外主義者となり、自分達の社会を文字通り要塞や核シェルターのように外界から完全に遮断するようなおぞましい選択をするのでない以上（そうした外部との接触を一切断つ社会はこれまだ存在したためしがない）、わたしたちは、この新たな他者を受け入れるに際して生じるであろうリスクを引き受けるべきなのだ。しかし、このリスクを警察や政府に委ねるべきではない。彼らに委ねた瞬間からこのリスクは新な来訪者にとって脅威となり、人々の間に不安が醸成される。しかし、あらたな移住労働者たちをどのように受け入れることが好ましいのかについて、人々は日常生活のレベルでさまざまな形でその経験を蓄積している。むしろこのような経験や知識が具体的な制度や力となって発揮されることを現実の法や権力による移民排斥の政策が妨げ、逆に偏見を与え、リスク回避の手段をすべて権力に委ねさせようというのだ。

●不安と危険心理の落とし穴

少年犯罪と外国人犯罪の多くが窃盗のように街頭犯罪と関わりをもっていることから、これらの犯罪の抑止として監視カメラに注目が集まるわけだが、その際に、監視カメラを設置する理屈として持ち出されるのが、「体感治安」といった主観的な不安感情である。社会安全研究財団による「犯罪に対する不安感等に関する調査[13]」では、被害にあう不安を感じる犯罪として空き巣、通り魔的犯罪、すり・ひったくり、車上狙い、自転車盗といずれも街頭犯罪が不安の大半を占めていると報告されている。したがって、不安を感じる場所も、繁華街、駐車場、駅、通勤に使う道など街頭に集中している。

こうした調査から、街頭犯罪が必然的に焦点化されることになる。多くの人々が抱く不安感をわたしたちはどのように理解すべきなのだろうか。もしその不安感が現実に存在する危険に基づくものであれば、その危険を取り除くことによって不安は解消するだろう。しかし、問題はもっと複雑である。

不安とか体感治安の低下解消のための監視強化という方法には、重要な問題が隠されている。不安感は実際の犯罪の増減に比例して変化しているわけではない。むしろ、不安感は、犯罪について人々が知りうる情報に基づいて変化するからだ。というのも犯罪についての情報の多くは、人々の直接の経験ではなく、マスメディアの報道に影響される度合いが高いからである。そして、マスメディアの犯罪報道は、二つの条件によって左右される。一つは、センセーショナリズム、あるいはメディア・スペクタクルに規定されて、街頭での刑事犯罪など刑事ドラマやアクション映画のテーマになりそうな見せ物的な犯罪を焦点化させる。もう一つは、犯罪報道の情報源はもっぱら警察であるということである。警察は、記者発表で提供する事件等の取捨選択などの情報操作を通じて、犯罪状況に関する世論操作がかなりの程度まで可能な立場にある。民放が定期的に放映しているゴールデンタイムの警察密着実録犯罪報道モノなどは、犯罪を見せ物とする典型的な事例である。この点で、警察は、人々の不安を重要な「資源」として、みずからの存在理由をアピールする。不安を生みだす犯罪、その犯罪を摘発する警察、しかしそれでもなおかつ不安を生みだす犯罪はなくならない、この不安と犯罪という二つの変数をもつ関数のなかで、警察は自らの権力と財務省からの予算獲得という利益が最大となるような解を得ようとするにすぎない。不安や犯罪はこの点で、むしろ警察組織の経済的政治的な利益に従属する。警察が犯罪摘発を目的とする組織であるために、警察はみずからの存在理由を犯罪の存在に依存している。犯罪のない社会は同時に警察のいらない社会だが、警察という制度にはこのような自己否定の契機や条件は準備されていない。だから、むしろ警察がその存在理由を強固なものとして、人々に認知を求めようとすればするほど警察は犯罪を生みださざるを得ないのだ。この点で「不安」という感情は、警察の活動を冷静な評価に委ねるような世論を萎縮させ、不安感情の原因を犯罪に短絡的に結びつけ、この犯罪を摘発する警察の捜査権力へ過剰な依存とその拡大を促すことになる。

さらに、多くの人たちが感じる不安の根拠は必ずしも現に存在する危険に根拠をもつとはいえないという点を忘れてはならない。多くの場合、人々の日常的な行動範囲はおおむね三つに分けることができる。第一に、家庭などの私的な空間、第二に、会社や学校など特定の人々とともに活動する空間、そして最後に路上や商店街など見知らぬ人たちと接する公共空間である。このうち私的な空間と会社や学校などの仕事の空間は顔見知りの人間関係から構成されており、他方で路上や商店街が未知の不特定多数の人との接触空間であるという違いを前提にした場合、不安の感情が街頭に集中するのは、見知らぬ街頭の方が家庭や学校、会社よりも危険度が高いに違いないというある種の思い込みが前提になっている。しかし、必ずしもそうとはいえないのが現実ではなかろうか。いわゆるドメスティィク・バイオレンス（DV）や学校における教師の体罰、子供どおしのいわゆるいじめ、職場でのセクシャルハラスメントといった顔見知りの間での暴力などは決して少なくないからだ。路上で人が殴られたのを目撃したり、実際に自分がそうした被害者あるいは加害者になった回数と、家庭、学校、職場で出会う暴力の直接、間接の経験の回数をくらべた場合、街頭の暴力が格段に顕著であると果たしていえるのだろうか。私の個人的な経験でも、中学校や高校で教師が生徒を殴る現場に何度も居合わせたことがある。その大半は、決して警察に通報されないから、犯罪の認知件数には含まれない。こうした親密な関係や顔見知りの暴力と同じくらい多くの回数の暴力に街頭でであったことはない。ＤＶの被害者たちは、家庭よりも見ず知らずの人間しかいない街頭の方がまだ安全だから、家庭から逃げるという選択をする。もし、街頭がＤＶの家庭よりもずっと危険であれば、家庭から逃げるという選択肢はありえないだろう。

見知らぬ人々が、顔見知りよりも危険であるということは論理的には成り立たないのだ。にもかかわらず、街頭を危険視するのは、先にも述べたように、街頭における犯罪に階級的な偏りがあるために、偏見を生みやすいからだ。言い換えれば、街頭が危険なのではなく、街頭に象徴されている低所得層や低学歴で定職に就くことができない若者、アジア系の移民たち、あるいは野宿者たちを危険視しているのだ。ここには、街頭からこうした人々を排除しようという権力の欲望が現れている。この国の権力者たちは、街頭の貧乏人や外国人が嫌いなのである。彼らはなんの犯罪にも関わっていない人々であっても、常にその可能性を疑われ監視される。その一方で、ＤＶがあろうが教師が体罰を下そうが、性的な嫌がらせがあろうが、家庭のなかの男や夫、学校の教師、職場の上司は決して加害者として疑うべき存在として街頭のように監視されることはない。警察や政府は、街頭犯罪が個人による行為であるとしても、その個人が帰属する特定の社会集団にその根本原因を求めて、社会の支配的な制度を免罪しようとするように、家族、学校、職場の暴力は、その原因を加害者個人の性格を超えて現にある家族、教育、資本の構造的な矛盾の現れとして理解されることはまずない。家族はそもそも暴力とは無縁であり、教師の暴力は熱意のちょっとした逸脱であり、上司の性的いやがらせは女性の態度に問題があったかあるいは部下への思いやりの行きすぎた表現程度の問題だとして片付けられる。だから、多くの人々、主として男性、そして支配的な男性の価値観を内面化している女性もまた犯罪と聞いて、自分が経験してきたかもしれないＤＶや学校、職場の「暴力」を犯罪というカテゴリーでは思い浮かべない。逆に、テレビのニュース報道などで報じられるステレオタイプな街頭犯罪を思い浮かべる。

不安感調査は、こうして犯罪や危険の実態を明らかにしているというよりもむしろ人々がもっている偏見をよく示している。しかし、こうした調査がいったん実施され、形式的に客観的な統計的手法をふまえて分析されると、街頭犯罪が日本の治安においてもっとも重要な課題であるという警察や行政の作文を根拠づける格好の証拠として巧みに作りあげられる。そして、このような虚構があらたにまた人々のなかに街頭こそが犯罪を生みだすもっとも不安な空間であるという感情を再生産することになる。各地の商店街がこぞって監視カメラを設置しようとしているのは、こうした不安感を巧みに利用してビジネスチャンスにしようとするセキュリティ産業と警察の罠に陥ってしまったからだ。

街頭という公共空間は家族や企業が管理する空間ではなく、第一義的には政府、行政が管理すべき空間とみなされる。したがって、路上の不安感を払拭するさまざまな対策は、公権力の街頭の秩序への介入をますます高めることになる。商店街は、路上のコミュニティを監視するシステムに組み込まれる。うがった見方をすれば、家庭や企業内部の危険がいくら高まっても公権力がそこに介入できる余地は多くはないし、たとえ介入可能であってもそのための手続きは非常に厄介だ。これにくらべて街頭や公共空間は公権力が独占できる「市場」であって、権力がみずからの権威を誇示するうえでもっともアクセスしやすいビジネスチャンスがころがっているのだ。だからこそ公共空間を管理したがるともいえる。

●不安と危険は決してなくならない

右に述べたように、監視カメラの設置を促す感情のなかには隠された偏見がある。しかし同時に、偏見であるかどうかとは別に、犯罪についての不安や危険をなくしたいという欲求そのものについても更に立ち入って検討すべき問題がある。「犯罪のない明るい社会」といった警察や防犯協会が掲げるスローガンは、こうした欲求を端的に代弁しているのだが、わたしたちは今一度、この不安や危険をなくすという考え方を再考すべきだと思う。

いかなる社会もルールを持っている。これは、常にルール違反という行為があることを前提にしていることを意味している。言い換えれば、人間の社会から規範から逸脱する行為をなくすことはできない、つまり、犯罪をなくすことはできない。どのような行為を犯罪とみなすかは普遍的に定義できるものではなく、各々の社会が「これこれの行為を犯罪と規定し、その行為者にはこれこれの処罰を課す」と規定することで犯罪になる。この規範から逸脱する人々はどのような社会であれ社会である以上なくすことはできない。それをあたかも「犯罪のない社会を」というスローガンを掲げて犯罪のない社会が可能であるかのようにみなすことは、人々に大きな不安を生みだす。「犯罪がない社会にくらべてわたしたちは不安な社会に生きているにちがいない」というわけだ。そして、こうしたスローガンは必ず、不審な者を見かけたら警察に通報するようにと促す。不審な者とは見知らぬ者を指す。日頃からDVを繰り返す夫は決して不審人物とはみなされない。こうして他者を不安な眼差しで見るような環境が構築され、「不審な者」としてのよそ者は、「はじめまして、あなたはどなたですか？　私はこれこれという者です」という初対面の挨拶の代りに、警察に通報され、監視されることになる。コミュニティで構築されなければならない見知らぬ人々を受け入れる力が削がれて、権力がこれを代行するようになる。このことで不安が解決するわけではない。むしろ不安は繰り返し生みだされる。なぜなら、こうした不安から警察的権力への依存が生みだされ、人々の安全にとって不可欠な市民生活に不可欠な制度として、生活領域に組み込まれる。警察的権力が自らの再生産にとって不安な大衆を必要とする以上、不安は解消されることはない。逆に不安をなくすという言説それ自体が不安を恒常化させるのである。

ウルリッヒ・ベックの『危険社会』(14)は、ポスト工業化社会の基本的な性格を危険社会という概念で再定義しようとしたことでよく知られている。ベックは、近代の工業化社会は、社会の外部にある自然という脅威や危険を人間がコントロールする社会として出発したのに対して、ポスト工業化社会、あるいは工業化の高度な発展は、人間にとっての脅威や危険はもはや外部の自然から派生するのではなく、工業化社会の内部から生みだされるようになったことに着目する。つまり、現代における「危険」は、大規模な環境汚染や核兵器など工業化、近代化そのものにその原因があり、しかもその危険は国境を超えて人類の社会構造それ自体に組み込まれてしまったということを指摘する。ベックは、「発達をとげた産業社会［工業社会――引用者］は、自ら生み出した危険を「糧」に成長した。その結果、今までの近代化の基礎を危うくするような、社会の危険状態と政治の潜在的可能性を生み出したのである(15)」と指摘し、さらに次のように述べる。

「重要と見なされるのは、危険を対症療法的に、また形式的に「克服する」ことである。危険はいわばその克服を通して増大していくのである。危険はその原因を取り除いてはならない。すべては危険の粉飾という形で行わなければならない。たとえば、有害物質をわずかに減少させたり、汚染源はそのままにして浄化フィルターをつけたりなど。これはつまり危険の予防にではなく、形ばかりの危険増大防止を行う産業であり政治である(16)」

ベックの危惧は、極めて深刻な状況にある環境破壊などを過小評価しようとする傾向に向けられている。そしてこの過小評価を支えるのが、技術の専門家の言説であり、利潤動機に促される企業のシステムであり、政府もまた自国の経済的な権益を優先させようとする動機に支えられて、環境破壊という危険を過小評価するように促される。

ベックの危険社会論は、危険の過小評価が制度に組み込まれている点に警鐘をならすものだった。このベックのアプローチをふまえた場合、犯罪という危険とそれにたいする警察の取り締まりという問題についてもやはり、犯罪という危険を過小評価して対症療法的な対処しかとれていないという考え方に導くことになるのだろうか。そうではない。むしろベックは、環境破壊という危険が、現代社会の経済的政治的な価値を最大化する構造に規定されてしまい、危険それ自体を最小化するような条件を欠いているということ、その結果として環境破壊という危険は過小評価されるということを指摘しているのだ。犯罪という〝危険〟をめぐる方程式は、同じ経済的条件——国民国家と資本の価値増殖——を前提として、別の解を用意する。犯罪という〝危険〟は、社会をコントロールする権力やセキュリティ産業の価値増殖を最大化するように扱われる、ということである。犯罪という〝危険〟は、権力と資本の従属変数になる。従って、ここでも犯罪という〝危険〟は対症療法によってのみコントロールされるにすぎない。

なぜ対症療法にしかならないのか。ベックは、その最大の原因を企業システムのもとでは技術の民主主義的なコントロールが有効に働かないことに求めた。ベックは次のように言う。

「危険の増大ゆえに危険社会において、民主主義に対する全く新しい種類の挑戦が生まれる。危険社会は危険に対する防衛にためという「正当な」全体主義的傾向を持っている。この全体主義は最悪の事態を阻止するためによくあることだが、別のもっと悪い事態を引き起こす。文明のもたらす「副作用」は政治的な「副作用」であり、政治上の民主主義体制の存続を脅かす。組織的に生み出される危険に直面して、二者択一の窮地に陥ることになる。政治上の民主主義体制が機能不全に陥るか、あるいは、権威主義的で公安国家的な「支柱」によって民主主義の基本原則を失効させてしまうかのどちらかを選ばねばならない[17]」

「社会を左右する決定権限の半分だけが政治システムに集中させられて、議会制民主主義の原則に従う。しかし、残りの半分の決定権限は公の統制を受けず、正当性の理由づけもなされないまま企業や科学に属する[18]」

監視カメラという〝技術〟に関わる問題の観点からみて、ベックの議論から私たちは二つの重要な検討課題を受け取ることができる。一つは、技術に関する民主主義の限界という問題である。もう一つは、危険社会とベックが呼ぶ社会を回避することは必ずしも好ましい結果を生み出すとはいえない、ということである。ある事柄についての最悪の事態を阻止するための技術は別の局面におけるさらに最悪な事態を招くこともある。言い換えれば、私たちはこの危険社会からのがれる術はないということ、だからこそこの危険社会をきちんとした民主主義の手続きのなかに収めなければならないということである。警察がもつ技術と民間企業の行動の問題がここでは重要な課題になる。この技術と民主主義的規制の問題は、そのまま監視カメラの問題にもあてはまる。私たちは、警察やセキュリティ産業の監視技術をコントロールする権限をもっていないし、監視カメラが不要な社会のために別の監視技術を促すような主張に陥ってはならない。

ベックは危険社会の問題はこれまで事実上民主主義的な意思決定に組み込まれてこなかった技術の領域への民主主義的なコントロールを通じてかなりのところまで解決できると考えている。しかし、民主主義はベックが危惧する「危険社会は危険に対する防衛のためという『正当な』全体主義的傾向を持っている」という傾向を阻止できるだろうか。民主主義が最終的に議会主義的な多数決による意思決定に収斂するのであれば、むしろ全体主義を正統化する手段となる危険はないのだろうか。

●リスクの再生産

ベックの「危険社会」の議論に触発されて、ニコラス・ルーマンの社会学に属する人たちがリスク社会論について興味深い議論を展開している。ベックが危険社会の技術への民主的なコントロールに可能性を見いだそうとするのに対して、ルーマン派の人たちはもっと悲観的だ。一般に、不安という感情は将来についての不確定性に原因があると考えられる。この不確定を確定させるために何らかの手段が講じられることになる。たとえば、エネルギー不足という将来への不安に対して、原子力発電所を建設するという選択は、エネルギー不足という不安を解消するかわりに、あらたに原発事故というリスクを負うことになる。どのような選択をするにせよ、不確定な将来を確定しようとして行動することは同時に必然的に何らかのリスクを伴うということになる。このリスクの被害を受ける人たちにとって、このリスクは危険となって現れる。電力会社は原発のリスクを承知したうえで建設するが、住民たちはそのリスクが現実となったときに危険を一方的に被ることになる。(19)

ここで、もっとも根源的な問題は、こうした将来の不確実性やリスクは決して取り除くことはできないにもかかわらず、現代の社会はむしろこの不可能性をあたかも可能であるかのようにみなして、制御しようとしてきた点だ。そして、この制御に服すことのできない諸要因を次々にリスクの元凶として排除するか、この制御に従属できるようなものに変えようとする。これは明らかに解決不可能なパラドクスなのだ。エレーナ・エスポジトはコンピュータによる制御（あるいはサイバネティィクス）に過剰に依存する社会への批判を念頭において「完全な制御の原理的な不可能性」について次のように述べている。

「自分の今日の行動が将来後悔するような結果を生む可能性がある場合に、行為はリスクを伴う。リスクが、現在の意思決定から生じうる未来の損失の可能性に基づいて定義されるなら、リスクの問題の切実さは、リスクを取り除くことが決してできないというところにある。リスクを伴わない意思決定はありえない。ある次元で回避された損失は、別の諸次元でさまざまな損失に変質することがありうる。なぜなら、予見されなかった結果が存在しうるし、機会を逃すことがありうるし、また別の起りうる損失を取り除く可能性を放棄することもあるからである。リスクはいたるところにある。それは避けることのできない条件である[20]」

明日のことなど誰も予測できない。にもかかわらず、この予測不可能性をリスク／危険に結びつけてコントロールしようとする。監視社会はこのリスクのパラドクスをその存在の根拠にしている。コンピュータによるシミュレーションやサイバネティックスの制御モデルを駆使して、現在想定されるリスクを排除できるモデルを提起する。人々がこのモデル通り行動すればリスクはないはずだというわけだ。そして、このモデルの想定から逸脱する要素を、リスクの元凶として排除する。この傾向が今や遺伝子レベルにまで達してしまっている。しかし、リスクはこのモデルが想定する「元凶」によって生みだされるのではない。

3、おわりに——民衆の安全保障と監視社会

監視カメラは、決してわたしたちを安全な社会へとは導かないだろう。むしろますます監視カメラに依存し、監視カメラなしには安全が守られないどころか、監視カメラがあっても不安は一向に解消されない社会を作り出すだけだ。たとえば要塞都市とよばれるような高度なセキュリティに守られた住宅街は、個人主義的な犯罪観が生みだしたある種の怪物である。マイク・ディビスが述べているように、都市の安全を確保しようとすれば、誰もが自由に利用でき

るようなアクセスしやすい公共空間は否定される。安全は「個人の安全というより、住宅環境、職場環境、そして旅行環境において、個人が『不道徳な』集団や個人、あるいは一般に群衆から隔離されること」を意味するようになる。(21) 言い換えれば、安全＝セキュリティという概念は、安全を確保されるべき人々と安全を脅かす人々、安全が確保されるべき空間と安全が脅かされている空間というカテゴリーの二分法を必然的に生みだす。そして、この境界線上に監視のシステムが配置される。安全を脅かす人々とは誰であり、かれらはどこに住み、どこをうろついているのか、この人と空間の監視によって安全な空間をゾーニングし、その内部に入れる人々を特定することになる。都市におけるこうしたゾーニングは、所得や人種の社会的な構造と不可分である。都市再開発は、低所得層が集まるような庶民的なショッピングセンターや商店街よりも、高級ブランドを扱う高所得者や観光客専門のショッピングモールの建設とそこからホームレスなどの路上生活者を排除する都市計画を必ず伴う。しかし、それでもなお匿名性を払拭できない公共空間は、相対的にリスクの高い空間であるとみなされることには変りはない。既に述べたように、匿名性の空間は決して、親密な人々の空間よりも危険とは限らないにもかかわらず。監視カメラはこの公共空間に向けられ、高所得層は、民間のセキュリティ会社に保護され、高い塀に囲まれた「要塞都市」に住む。こうした高所得層は資本主義の支配層である。彼らにとって彼ら以外のものたちが潜在的なリスクとして監視の対象になる。監視されるのは、所得の低い階層であり、それは必然的にエスニック・マイノリティやホームレス、失業者といった集団となる。こうして「良き市民とはストリートとは無縁で、高セキュリティの私的消費領域にたてこもって出てこない。悪い市民とは、ストリートに出没し（したがってまっとうな仕事にはついておらず）、天網恢々粗にして漏さずを地でいくロス市警の監視システムに捉えられるのだ(21)」

路上に設置される監視カメラ、私的な空間のセキュリティのための監視カメラは、このような都市空間の構造を前提すれば、明らかに資本主義の階級や差別の構造と不可分なのである。街頭犯罪は、こうした階級的人種的な不平等を構造的に抱えた資本主義の基本的な制度とこの制度を再生産する政治的経済的な構造と密接に関わらざるを得ない。監視カメラはこうした資本主義社会の制度的な矛盾を覆い隠し、犯罪を個人に還元する権力の犯罪観を典型的に示している。制度的な矛盾が放置されたままである限り、監視カメラは決して効果をもたらすことはできないだろう。むしろ効果のないまま、監視のシステムはますます高度化し精緻になる。画像は記録されるだけでなく、ネットワーク化され、データベースとして蓄積され、バイオメトリックス技術と組み合わされて人物が特定される。しかし、こうした個人認証の特定の高度化が進んでも、この精緻化の網の目をかいくぐるようにして犯罪は多様な姿をとって発生するだろう。結局のところ監視カメラは警察の権限の強化とセキュリティ産業にあらたなビジネスチャンスを与える一方で、警察やセキュリティ産業を必要としないほどの高い安全は決して得られないだろう。

わたしはこうした要塞都市の住民になりたいとは思わないし、その外にあって、日常的に監視される側で生活したいとも思わない。あるいはまた、見知らぬ土地で、よそ者であるというだけで監視され、「はじめまして」という挨拶のかわりに身分証明書を求められ、目の前の私ではなく私の身分証明書しか信用しないような社会になることが私の安全を保障してもらえているとはとうてい思えない。むしろ常に、私は私自身が犯罪者と間違われる危険と背中合わせであるような不安な気持に陥るばかりだ。このような敵意に満ちた社会は、決して人々の日常の安全を保障できない。

これは、わたしたちが自分達のちからで自分達の不安や危険をきちんと理解し、コントロールする力を持っていないことによる。不安も危険も犯罪や規範からの逸脱もなくすことはできない。しかし民衆にとってどのようであることがもっともこうした不安全な状態から自分達を守ることになるのかという問題を国家や警察や軍隊や民間のセキュリティ産業にすべて委ねてしまったのでは、国家や企業の安全を最大化する結果にしかならず、それは民衆の、とりわけ低所得の市民層やエスニックマイノリティの安全を最大化する結果は生みだせない。ナショナルなセキュリティと民衆のセキュリティの間には互換性はない。前者によって後者は保障されないのだ。監視カメラの問題はこのことを端的に示している。歌舞伎町の監視カメラはそこで働くセックスワーカーの安全を守らない。国会の監視カメラは請願に訪れる市民の権利を守るためにあるのではない。民衆の安全を確保するということは、たとえは、オーバーステイで働くセックスワーカーが入管や警察から犯罪者扱いされて人権を踏み躙られたり、やくざの搾取に縛り付けられるような環境から自由になれる権利を確保することだし、国会に監視されることなく異議申し立てできるような政治的な権利行使の自由を確保することだ。民衆の安全保障にとって監視カメラはむしろ脅威なのである。[23] この脅威を取り除くことこそがむしろ民衆の安全のための最大の条件である。

最後に、社会の中のマイノリティが「犯罪者」扱いされるあり様を端的に説明したマルコム・Xの「最後のメッセージ」から引用しておこう。

「彼らが私たちを犯罪者のイメージに仕立て上げる際の巧妙な手口の一つは、統計を持ち出し報道機関を通じてその統計数字を一般大衆、主に白人に提供するといった方法です。白人の間には敵意に満ちた人もいれば、同時に善意をもった人もいます。そこで、政府が何かを行おうとした場合、いつも一般大衆を味方につけておかなくてはなりません。それが、地方自治体であろうが、州政府であろうが、連邦政府であろうが、同じです。そこで、報道機関を使って、様々なイメージを作り上げるのです。(例えば)地方レベルで、報道機関を通じて黒人社会の高い犯罪率を見せる統計数字を人々に提供することで、あるイメージを作り上げます。この黒人社会での高い犯罪率が報道機関を通じて強調されるやいなや、人々は黒人社会を犯罪者の社会であると見なし始めるのです。

そうなりますと、黒人社会の誰であれ、通りで呼び止められるといったことがありえます。

「手を上げろ」と言って、彼らは、体を触りながら武器をもっているかどうか調べるというわけです。医者であろうが、弁護士であろうが、牧師だろうが、あるいは他のアンクル・トムであろうが、関係ありません。職業上の地位にも関係なく、あなたは、路地をうろついている人と同じ犠牲者であることがわかるでしょう。それは、ただ、あなたが黒人であり、犯罪者の社会として描かれた――このように既に描かれてしまっているのは事実ですが――黒人社会に住んでいるという理由からです。

そして、ひとたび一般大衆がこのイメージを受入れるならば、警察国家がやるような活動を黒人社会でやることに道を開くことにもなるのです。黒人を制圧するために、いかなる種類の残忍な方法をも、彼らは用いることができる、なぜなら、とにかく黒人は犯罪者なのだから、というわけです。」

このマルコム・Xの指摘をふまえて、もう一度本稿冒頭に引用した石原都知事の発言を思い起こしていただきたい。六〇年代のちょうど黒人による犯罪増加が指摘されていた最中のこのマルコム・Xの反論は、まさに、石原への適確な反論でもある。四半世紀を越えて、なおマルコム・Xのこの反論が成り立つような、自民族中心主義、排外主義と偏見に満ちた政治家を権力の座につけている私たち「日本人」の責任は極めて重大である。

監視カメラは、ＩＴ社会や電子政府の追い風の中でまん延しているが、これは、技術に反映された政治的な問題である。日本の社会の貧困、偏見、差別と排外主義の問題である。監視カメラをなくすという課題は、同時に、こうした日本社会のあり方を変えるという課題抜きには成り立たない。この点を最後に再度強調しておきたいと思う。

註

(1) 都議会、二〇〇三年第二回定例会、二〇〇三年〇六月二四日。
(2) 同上。
(3)『警察白書』二〇〇三年版、六四ページ。
(4)『読売新聞』二〇〇三年八月一六日、オンライン版。
(5) 都市防犯研究センター「コミュニティセキュリティカメラに関する調査研究」報告書、二〇〇一年三月、六ページ。
(6) 街頭犯罪に限らず犯罪の原因についての犯罪学の学説は多岐にわたり、犯罪者個人の遺伝的あるいは後天的な性格から社会環境に至るまで様々である。菊田幸一『犯罪学』第五版、成文堂、一九九八年、第一章参照。
(7) 街頭犯罪を「資本の犯罪」と比較して論じたものとして、以下を参照。Michael J. Lynch, Raymond Michalowski, W. Byron Groves, *The New Prime in Radical Criminology: Critical Perspectives on Crime, Power and Identity*, third edition, Criminal Justice Press, 2000, 特に四章と八章参照。
(8) ゲリー・ラフリー『正統性の喪失―アメリカの街頭犯罪と社会制度の衰退』宝月誠監訳、東信堂、二〇〇二。
(9) ラフリー、前掲書、二六五ページ。
(10) ラフリー、前掲書、二九七ページ。

（11）『犯罪白書』二〇〇二年版参照。これは、少年犯罪が文字通り深刻だともいえるが、しかし、また警察の取締りが比較的検挙の容易な少年犯罪に偏っている結果ともいえる。
（12）橋本光平「外国人犯罪の長期的動向と最近の傾向」、駒井洋編『国際化のなかの移民政策の課題』、明石書店、二〇〇二年、中島真一郎「検証・石原発言——警察庁の来日外国人犯罪分析批判——人種・民族差別や偏見からの脱却を」、『「三国人」発言と在日外国人』明石書店、二〇〇〇年所収、渡辺英俊「『警察白書』が扇動する人種差別を糾す」、内海愛子、高橋哲哉、徐京植編『石原都知事「三国人」発言の何が問題なのか』、影書房、二〇〇〇年、参照。
（13）社会安全研究財団「犯罪に対する不安感等に関する調査」、二〇〇二年三月、『警察白書』二〇〇二年版に概要、以下の記述は『警察白書』による。
（14）『危険社会』東簾、伊藤美登里訳、法政大学出版局、一九九八年。
（15）ベック、前掲書、八八ページ。
（16）ベック、同上。
（17）ベック、前掲書、一二七ページ。
（18）ベック、前掲書、三七八ページ。
（19）「未来予期の不確実性が危険として受け取られるのは、自分が決定者に属しておらず、しかも自分とは無関係に被害に襲われる可能性がある場合である。原子力発電所を運転する者にはわずかであれ核の事故のリスクが存在し続けるのに対して、住民にとってはそこから危険が生じることになる。したがって、リスクとは、起りうる被害の自己言及的側面であり、危険とはその他者言及的側面である」、アルミン・ナセヒ「リスク回避と時間処理」、土方透、アルミン・ナセヒ編著『リスク』、新泉社、二〇〇二年、二九ページ。
（20）エレーナ・エスポジト「リスクとコンピュータ」、土方、ナセヒ編著、前掲、五四ページ。

(21) マイク・ディビス『要塞都市LA』、村山敏勝、日比野啓訳、青土社、二〇〇一年、一九〇ページ。
(22) ディビス、前掲書、二一三ページ。
(23) 民衆の安全保障という考え方は、国家安全保障とも国連の提唱する人間の安全保障とも異なるものとして、提起されてきた。民衆の安全保障は、「人びとが、自分たちの生活、仕事、環境、自由を守り、飢餓や差別に苦しまず、殺されたり傷つけられたりレイプされたりしない生身の平和と安全を、非軍事化をつうじて、自身の力で創りだしていくこと」(二〇〇〇年六月三〇日から七月二日にかけて行われた沖縄の「民衆の安全保障」沖縄国際フォーラムの呼かけ文より)として提起されたが、この概念を電子政府という新な権力のあり方、IT社会や監視社会の問題や犯罪との関わりで議論するという点はまだ未開拓である。しかし、警察の軍隊化、軍隊の警察化、そしてテロ対策と犯罪対策の各々の境界線があいまいなまま相互浸透するなかで、犯罪と民衆の安全保障という問題は軽視できない課題となっている。この点は私の今後の課題としたい。
(24) マルコム・X「最後のメッセージ」、末吉高明監修・訳『MALCOM X SPEAKS』、ブルース・インターアクションズ、一九九二年、七七—七八ページ。

視線の不公平──くらしに迫る監視カメラ

小笠原 みどり

生業あるいは好奇心のためとはいえ、監視カメラの前に立つのは、何度やっても気味のいいものではない。

取材者のわたしは、多分、カメラの待ち受ける監視対象ではないはずだし、カメラにとって何の意味も残さず去っていく身なのだが、心拍数は上がるし、嫌な汗はかくし、なぜかコソコソしてしまうし、不穏な心持ちは日付が変わっても続き、体も心もいっこうに折り合いがつかない。

繁華街、住宅街、市役所、商店街、ドヤ街……と、どこへ行っても監視カメラは「安心」や「安全」を守るため、そこにあったのだが、正直、カメラがないところへ来てこそ、ほっとした。自分だけかと訝って一年前、長崎市の商店街のカメラの下で「あそこにカメラがあるんですが」と通行人に声をかけてみると、ほとんどの人が「えっ」と反射的に身を引いた。好んで身をさらす人はいなかった。

こんな感覚的体験からつらつら始めるのも、以前、監視カメラへの違和感を新聞の原稿に綴ったら、「監視カメラと今後どうやって共存していくのか、提言がない」と書き直しを求められたことがあるからだ。その問いを何度か頭の中で巡らせてみたが、机上でなら人とカメラが住み分けることは可能でも、自分の生身が分裂状態に陥っているのに、いいじゃないですかセキュリティーのためならとは書けなかった。業界用語でいう「落としどころ」がないというわけで、そのコラムは日の目を見なかった。

監視カメラとわたしとの間にある、和解できないざらつき。それが、この文章の起点にある。日本各地で見た監視カメラ二〇〇台ほどの姿を報告する。

長崎の「お手柄」報道

「防犯カメラに若い男」（七月五日付朝日新聞）「白シャツ、黒ズボン姿　ビデオの男」（同七日付西日本新聞）「カメラの男は一三歳中学生」（同九日付毎日新聞）――二〇〇三年七月、長崎市で起きた幼児誘拐殺人事件は、商店街のアーケードに設置された防犯カメラの映像を軸に、報道が推移していった。近くの家電量販店から連れ去られた四歳の男の子と男子中学生がカメラに写っていたとされ、この事件報道で、商店街などの公共スペースに設置されている監視カメラの存在を知った人も多かったようだ。

わたしは事件が起きる前年の秋、この浜町商店街のカメラを取材に行っていた。くだんの通行人へ感想を求めたのは、このアーケードの下でのことである。が、当時まだカメラは一台だけだった。それが事件のときには、計一九台に増えていた。

最初の設置は一九九九年一二月で、稼働は翌年二月。長崎市と長崎商工会議所でつくる「中心地区商店街活性化委員会」が、深夜に集まる若者対策として設置を決めた。この委員会には、市も二〇〇〇年度「中心地区商店街活性化事業」として三五〇万円の補助金を出している。年間八二〇万円の予算から防犯事業として一四〇万円をあて、最初のカメラをつけた。

地元六商店街でつくる浜市商店連合会によると、当初、カメラ映像を映し出すテレビモニターは近くの浜町交番に置いた。「何か起きたら、駆けつけてもらおう」と商店連合会が頼み、長崎署も「ぜひ置かせて下さい」と答えたという。だが設置後数カ月で、署が「モニターを引き取ってくれ」と言ってきた。商店連合会の吉村信義事務局長は「県の公安委員会に『プライバシーの問題上、警察が商店街を直接見るのはだめ』と言われたからという説明だった」と話す。長崎県警は、取材に対し「交番には常に人がいるとは限らないので、いつも対応できるとは限らないから」と答え、公安委員会の指摘についてはあいまいにしている。

結局、モニターは商店連合会へ移り、カメラは二四時間録画を続けた。映像は約一カ月間、ビデオテープに保存。アーケードに撮影の表示をしていないので、事務所は普段モニターのスイッチを切って映像を見ないように配慮しているという。だが設置から一年半の間に、県警の捜査一課に三、四度はビデオテープを貸し出した。

吉村事務局長は当時「たむろしている若者を写したかったのに、もう集まらなくなってしまった。今では消火栓を開けるいたずらがあるくらいで、あまり効果はない」とぼやいていた。

それが大規模増設となったのは二〇〇三年六月。幼児誘拐殺人事件の起きる一カ月前だった。近くの商店街でらくがきが相次ぎ、長崎浜市商店街振興組合は四〇〇万円を支出して新型の監視カメラ一八台を三六〇メートルのアーケードに設置した。

振興組合によると、長崎県警は事件翌日の七月二日に組合事務所を訪れ、映像の閲覧を要請した。組合関係者は、ハードディスクに録画された映像の再生方法を教え、時間が遅くなったので警察官に鍵を預けて先に帰った。翌三日、県警はパソコンを持参し、必要な部分をコピーして持ち帰ったという。組合に映像の提供や返却についての取り決めはなく、ハードディスク本体の映像は約一〇日間で上書きされて、消えてしまった。映像は、県警だけに残ったことになる。

カメラの目線

監視カメラの「お手柄」はテレビや新聞で盛んに宣伝された。映像に写った人間の性別や服装、年齢、個人の割り出しまでが期待され、犯罪のむごさへの関心とあいまって、報道は過熱していった。だが、監視カメラが本当に事件の解決に不可欠だったのかは、冷静に検証する必要がある。

少年が補導された七月九日の記者会見で、長崎県警の上川秀男捜査一課長は少年の特定について「特に決め手というものはない。ビデオもそうだし、もろもろの情報を総合した」と、カメラ映像を決め手とする見方を否定した。容疑の実行行為については、少年の供述から認定したとも述べている。さらに「ビデオにはどのように映っていたのか」との問いに「服装とか、個人が特定できる明瞭な映像はなかった」と答えている。

少年が容疑者として浮かび上がる前、「犯行時五〇台出庫　立体駐車場屋上カメラ　夜間、監視できず」という記事が出た（七月四日付毎日新聞）。男の子の死亡現場とされる駐車場の監視カメラについて、夜間は「明かりがなく見えないうえ、録画機能はなく映像は残っていない」と書き、監視機能の「欠点」をわざわざ指摘している。

犯罪捜査に監視カメラの役割を期待すればするほど、こうして暗黙のうちに監視機能の完全性を求めていくことになる。この記事は、カメラの存在を重視するあまり、「長崎県警捜査本部は、犯人はこうした事情を知る地元に詳しい人物の可能性が高いとみて調べている」と、事件をミスリードする結果にもなっている。

そして現実には、事件に関係する現場にこれだけ監視カメラがあろうとも、悲惨な犯罪は起きてしまったのである。

全国で広がっている生活監視型のカメラはほとんどの場合、犯罪の予防を目的としている。だが、監視カメラが起きるはずの犯罪をなくしていると示す証拠はどこにもない。犯罪が起きた後に、捜査の一資料として使われることはあっても、不可欠ともいえない。さらに重要なことに、監視カメラは犯罪の原因を決して解明できない。

一連の事件報道は、その危い牽引役になった。カメラの存在は、わたしたちの視点を犯罪がなぜ起きたのか、そうした社会現象をもう起こさないためにはどうするべきなのかという根源的な問いへではなく、見つけて罰すれば一件落着という取り締まりの発想へ向けていく。カメラは脚光を浴び、事件の背景は遠のく。逆にいえば、監視カメラの広がる社会には、原因の探求よりも、手っ取り早く分かりやすい「結果」にとびつく、苛立ちと排除の空気が満ち満ちている。

少年の補導後、政府の青少年育成推進本部の副本部長を務める鴻池祥肇・防災担当相が「厳しい罰則をつくるべきだ。親は市中引き回しのうえ、打ち首にすればいい」と発言したのも、この空気と無縁ではないだろう。被疑者が歳の端もゆかない子どもであること、自分がそういう子どもを生み出した社会をつくる大人の一人で、しかも閣僚であるという発想が、この政治家の頭にはかけらもない。

原因が置き去りにされれば、犯罪は繰り返されるだろう。そしてカメラと、「見せしめ」に飢えた排他主義は、ひたすら繁殖していく。

商店街と警察

各地で急速に広がっている商店街の監視カメラの映像は、長崎同様、警察の持ち出しがほぼ自由になっている。警察から犯罪捜査に関連して提出を求められれば、一定の内部手続きを踏んだとしても、断るところはまずない。

長崎県佐世保市の四ケ町商店街の場合、設置にも警察の働きかけがあった。

佐世保市中心部の四ケ町と三ケ町の計九六〇メートルのアーケードには、二〇〇一年一〇月、させぼ四ケ町商店街協同組合が二五〇万円を出して六台のズーム機能付き監視カメラを設置した。店のシャッターや非常ベルへのいたずらが数件あり、若者が地べたに座ったり、夜遅くまで歌を歌ったりするのを見張るのが目的だったという。

協同組合によると、設置の検討は一年ほど前から始まり、きっかけは佐世保署から「監視カメラを寄付してもらえないか」という話があったからだという。監視する場所はアーケードから少し離れた若者の集まる二カ所で、カメラをつける場所はすぐに決まったが、モニターの場所に困り、話はいったん棚上げになった。半年後、署から「警察が直接見るのはよくないので、交番にモニターは置けない」と説明された。それならばいっそ自分たちのアーケードにつけようということになって、モニターは組合事務所に置いたという。

金本又二事務局長は「警察の人が見せて下さいと言ってきたときは、どうぞと言っている。録画ビデオの操作の仕方だけ教えて、後は刑事さんだけでやってもらう。一年で数回は貸しただろうか」と話す。

こうして持ち出された映像は、〇二年五月、女子高校生三人が同年代の女性から現金約一万二千円を奪い、けがを負わせたとされる事件の捜査にも使われた。佐世保署の辻安治副署長は「その日のうちに現場付近で聞き込みをして、三人を発見したので逮捕に至った。映像は、後から被害者の証言を裏付けるのに役立った」と説明する。

辻副署長は「警察がつけるとプライバシーが問題になるご時世だから、商店街の人たちがつけてくれたのは非常に助かる。コンビニにも店の外にカメラを付けるよう指導している。住民にも自主防犯、自主防衛が必要」と語った。商店会が取り付けるカメラは、警察にとってプライバシー批判をかわしながら、カネをかけずに手に入れられる監視手段となっている。

商店会の人々も、プライバシーを意識しないわけではない。アーケードに撮影の表示をするかについて「表示した方が防犯効果はある」という意見もあったが、「お客さんに俺たちを監視するのかと思われるのも困る」ということで表示しないことになったという。一方的に写していることへ後ろめたさを感じているのだ。

しかし結局、シャッターへのいたずら書きなど「微罪」ではあるが（若者のたむろは罪ですらないが）、自分たちの財産に害が及ぶことへの恐怖感がためらいを振り払う。こうした商店主らの潜在的な「治安への不安」が、何かの拍子に顕在化して、監視カメラが出現する姿は、全国の商店街にほぼ共通している。

直接監視への欲求

長崎市や佐世保市の商店街では、県警が直接、監視カメラを設置することへの躊躇がまだ見られたが、警視庁は近年、そんな恥じらいは捨てている。

二〇〇二年二月、新宿・歌舞伎町に五〇台の監視カメラが設置された。続けて〇三年、警視庁は渋谷のセンター街に一〇台、池袋駅周辺に二〇台のカメラを設置しようとしている。

歌舞伎町のカメラ映像は、新宿署でモニタリングされているが、報道関係者に公開されたことはない。私も取材を申し込んだが、「通行人のプライバシー」を理由に断られた。しかし、例によってマスメディアは、カメラの「効用」を広めるためにはしっかり利用されている。

設置から一カ月後の三月二一日、新宿署は交通事故を装って現金をだまし取ろうとしたとして暴力団組員を逮捕した事件で、組員の主張するような接触事故はなかったことを監視カメラがとらえていたと発表。翌日の朝刊では「歌舞伎町街頭カメラは見た　『当たり屋』当たってなかった　容疑者を逮捕、初手柄」（朝日新聞）「歌舞伎町カメラで御用　詐欺未遂をバッチリ」（東京新聞）と、普段ならベタ記事にもならないような容疑を面白おかしく、各社が段を立てて報じた。その後も、四月は「監視カメラに偽物ヴィトン　歌舞伎町・容疑のイスラエル人逮捕」（一三日付日本経済新聞）、五月は、被（七日付毎日新聞）「外国人、刃物でけんか　防犯カメラ確認」（一三日付日本経済新聞）、五月は、被疑者が「まさか本当に録画されているとは思わなかった」と驚く暴力行為事件（七日付産経新聞）などが続いている。

こうした記事に、監視カメラの問題点を指摘する文言は皆無で、むしろ「カメラの映像が事件解決につながったのは今回が初めて」（三月二一日付産経新聞）「事件に無関係の映像は一週間で破棄する」（同日付毎日新聞）といったお墨付きを与えている。何が「事件解決」なのか、「破棄する」ことが確認できるのかも疑問ながら、警察担当の書き手たちにはまず、監視カメラ自体の合法性を考えてみてほしかった。そう古くない過去を紐解けば、警察の直接監視を違法とするいくつかの判例に行き当たるからだ。

撤去された一台

大阪市西成区の「あいりん地区」（釜ケ崎）は、元祖・監視カメラの地だ。大阪府警は一九六六年、〇・六二平方キロメートルの地域内にまず二台のカメラを設置し、八三年までに計一五台に増設した。

背景には、六一年から繰り返し起きた「集団暴動」がある。交通事故に遭った日雇い労働者への救助が遅れたり、食堂で代金が足りなかった労働者の頭を店主が小突いたりしたことなどをきっかけに、労働者たちが集まって西成署に投石したり、商店から品物を奪ったりした。

西成署にほど近い「釜ケ崎解放会館」の斜め前の電柱に、カメラがついたのは七八年一二月。「釜ケ崎地域合同労働組合」が入居し、労働者への炊き出しや集会の拠点となる会館ができたすぐ後のことだった。

組合の委員長、稲垣浩さんは、会館の入り口を向いているカメラだけでなく、やがて炊き出しをする公園の電柱にもカメラがついていることに気付いた。炊き出しの場所を移すと、ほどなくそこにもカメラが出現した。場所を変える度に、カメラは追ってきた。

稲垣さんは「カメラは無言の圧力で、こちらに自己規制を促す。会館以外で人と会おうとしても、一帯にカメラがあるから次々と視野に入ってしまう。公道のはずなのに、塀のない刑務所みたいなもの。支援者を『警察に見張られるような炊き出しって何だ』と怖がらせ、この地域をほかから分断しようとしている」と言う。

大阪府弁護士会に人権救済を申し立てると、監視カメラの撤去を求める勧告が出たが、警察は動かなかった。周辺の住人ら一二人で九〇年七月、大阪府に対し撤去を求める裁判を大阪地裁に起こした。

大阪府側は裁判で、地域の「特殊な状況」を前面に打ち出した。「あいりん地区では、些細な事柄でたちまち多数の労働者がい集し、騒ぎが生ずることから、現場に赴いた警察官は、事件関係者を素早く現場から離す措置をとる必要がある」ので、通報を受けたらまずカメラで現場状況を把握し、また「警察官が現場にいる限りい集状態は解消されないため、労働者を興奮させたり刺激しないよう警察官は早期に現場を離脱する必要がある」から、事後にも必要と主張。カメラの目的は事件捜査ではなく、「犯罪を防止する上で有効」と述べた。また録画はしていないので、「テレビカメラは通常警察官がパトロールなどで公道の通行人を見ていたり」するのと同じだと結論づけた。

この裁判では現場検証も行われ、裁判官、原告、被告がそろって監視カメラの映像や性能を確かめた。その結果、稲垣さんの通う解放会館の斜め前のカメラは「解放会館の玄関が見え、その出入りの状態が手に取るように観察でき、会館前に出された立て看板の文字なども読みとることができる」と分かった。大阪府は解放会館を監視していないと主張していたが、裁判官は監視行為を認定した。

一九九四年四月、大阪地裁判決は一五台のうち、この一台の撤去を命じた。

稲垣さんの「活動内容、人的交流などのすべてを把握されるおそれがあり、行動の自由を制約されるだけでなく、そこに出入りする者の行動にも影響を与え、結社の自由や団結権に深刻な影響を与えるだけでなく、プライバシーの利益をも侵害する」と認め、さらに「監視体制が維持されている以上、実際に監視がなされているか否かにかかわらず、不安感を与え続けることになり、行動を抑制する点で同じ効果がある」と述べたのだった。

こうして、解放会館前のカメラは撤去された。しかし一四台のカメラは今も、公園や街角をじっと見下ろしている。

自由のかたち

残りのカメラが違法とされなかった理由は、大阪府が「映像は録画していない」とした点が大きい。これによって、肖像権の論点は回避された。

肖像権は、一九六九年一二月二四日に最高裁大法廷で下された「京都府学連デモ判決」で定義された。憲法一三条に基づき、「個人の私生活上の自由の一つとして、何人も、その承諾なしに、みだりにその容貌・姿態を撮影されない自由を有する」とし、例外を次のような場合に限定している。

「現に犯罪が行われもしくは行われたのち間がないと認められる場合であって、しかも証拠保全の必要性および緊急性があり、かつその撮影が一般的に許容される限度をこえない相当な方法をもって行われるとき」

大阪地裁はこの定義を踏まえ、釜ケ崎の監視カメラについて「犯罪予防の段階は、一般に公共の安全を害するおそれも比較的小さく、録画する必要性も少ないのであって、このような場合に無限定に録画を許したのでは、右自由を保障した趣旨を没却し、特段の事情のない限り、犯罪予防目的での録画は許されない」とし、「これらの行為が行われれば原告らの肖像権を侵害したものとして違法とされるべきことは言うまでもない」と断言している。

ひるがえって今日、監視カメラは「予防型」が隆盛を極めている。そして当然のように警察は、録画を奨励している。「犯罪予防目的での録画は許されない」とした一〇年前の判決は、こんなにもあっけなく、なかったことにされてしまうのだろうか。一〇年のうちに、肖像権は、人間の自由は、形を変えてしまうのだろうか。

「特殊」と「普通」

大阪府側が裁判で主張した「釜ケ崎は特殊な場所だからカメラがいる」という論法は、警視庁が新宿・歌舞伎町に監視カメラを設置する際にも使われた。都市の混沌への不安感に火を付けながら、渋谷や池袋へも伝播しようとしている。わたしの周囲にも「あそこは仕方ない」という考えの人は存外、多い。

確かに釜ケ崎も、歌舞伎町も、歩いたときにほかの場所とは違う、それぞれ忘れがたい緊張感をわたしに残した。今でもふと、夕暮れのドヤ街で、まなざしが定まらないおじさんとすれ違ったり、卑猥な冗談を飛ばされたりした瞬間を思い出しては、あのこわ張った自分は何だったのかと考え込むことがある。豊かな郊外に育ったわたしにとって、そこはまったくの別世界だった。地域的にだけではない。おそらく、階級的に。だが、いやだからこそ、あの人たちは見張るべきで、わたしは見張られなくていいとは言えない。監視カメラは、人間の自由と同時に、平等への攻撃でもある。

しかし最近のカメラは、「釜ケ崎なら」「歌舞伎町だから」と我彼にきっちり境界線を引く人すら行かざるをえない「普通の場所」にこそ広がっている。

宮崎市は二〇〇二年一二月、住民票の届け出などに市民が訪れる市民課カウンターに監視カメラを設置した。住民票の写しや印鑑登録証を交付する支所など一〇カ所にも同時に設置し、計二〇台のカメラが稼働した。

市の言い分では、きっかけは同年三月以降、他人になりすまして印鑑証明を取るなどの虚偽取得が数件続いたことだ。また起きるかもしれないから、カメラで映像を取っておけば、捜査に使うことができると、設置に踏み切ったという。

どこの役所でもそうだが、市民課は転居してきた人が一度は訪れる場だ。宮崎市の市民課も、一階の正面玄関を入ってすぐの場所で、いつも人が出入りしている。そこを四台のカメラが狙い、窓口が開いている午前八時三〇分から午後五時一五分まで、約二秒おきに静止画像を撮影していく。二〇台の映像はモニターには映し出さずに、ハードディスクに保存されて六カ月間、庁内LANで管理される。

役所は個人情報の宝庫だ。これまでの住所関連や税情報などに加え、カメラで撮った顔や身体の映像まで所有するとなると、個人情報保護条例に基づき、写った本人から閲覧の申請があった場合にはどうするのだろうか。

設置時の大谷幸朗課長は「特定の人を写しているわけではないから、個人情報とはみなさない」と言い切った。「画像は本人にも見せないし、情報公開の対象にもしない。刑事訴訟法の一九七条の二に基づいて、捜査機関から要請があったときだけ提供する」と自信満々の様子だった。

みんなが捜査機関

二〇〇三年七月二日、朝日新聞の朝刊に「監視映像提供うけ逮捕　宮崎県警　市窓口で文書偽造容疑」という記事を見つけた。宮崎市内の無職の男性が二月、市民課の窓口で「友人から頼まれた」と言って他人の印鑑登録をしようとした疑いで逮捕されたというのだ。記事には「監視カメラから容疑者を割り出した」「市は、監視カメラの映像は刑事訴訟法に基づき捜査機関が時間や場所を特定して申請した場合にだけ提供するとしている」とあった。

やはりこういう日が来たかと思って、宮崎市にいきさつを問い合わせた。

四月に交代した釘村俊己課長の説明は、こうだった。逮捕された男性は二月七日、まず支所の窓口にやってきて「印鑑証明をつくりたい」と言ったが、本人の確認ができず断った。係員は男性の挙動を不審に思い、本庁に報告をしたところ、午後にはそれらしき人物が本庁の窓口にやって来た。「知り合いに頼まれて印鑑証明をつくりたい」と述べたが、やはり関係を証明するものがなく、帰った。宮崎市はその後、この男性が申請した名前の住所へ、印鑑登録を希望するか郵便で問い合わせたが返事はなく、本人はいないことが分かった。さらに、同じ名前で前年1一月に、転居届けと国民健康保険の取得がされていることが分かり、二月二五日、この男性を公正証書原本不実記載の罪で宮崎南署に刑事告発したという。

県警に監視カメラ映像を提供したのは、三月五日。録画スイッチは午後五時一五分で自動的に切れるようになっているが、男性は午後五時過ぎにやって来たので、不審に思った係員がスイッチを入れ直して録画を続けた。その映像を含め、五時一〇分から五時四五分までの三五分間をビデオテープにダビングして県警に提供したという。ビデオは返却される予定だが、まだ戻ってきていないと話していた。

わたしは、宮崎市は随分積極的に市民の逮捕に動いたものだと思った。新聞記事では、県警の依頼によって捜査に協力した第三者にように読めるが、実際には、映像を意図的に録画し、過去を調べ、刑事告発をし、さらに証拠映像を提供している。まるで捜査機関そのものだ。

虚偽の印鑑登録はされなかった。それは窓口の確認作業が功を奏したからで、市役所としてはそれで十分業務を果たしているのではないか。監視カメラがなくても、防げた。にもかかわらず、後追いして逮捕までしたのでは、宮崎市が監視カメラの「実績」づくりに焦ったかのように見えてくる。

市町村に、虚偽の届け出をした人を刑事告発しなくてはならない法的な義務はない。住民は、選挙権や教育を受ける権利の行使、年金や健康保険など福祉を受けるために住民票を置いているのであって、国や市のためではない。届け出をしない人もいる。人に知られたくない理由で、権利を行使したり、福祉を受給したりせずに暮らしている人も大勢いる。市町村の職員なら、そうした住民のプライバシーに直接かかわることも多いだろう。それを怪しいと思ったら刑事告発するようになっては、警察といったいどこが違うのだろう。おちおち問い合わせもできない。

新しい市民課長は、監視カメラについて「最初から市民を疑ってかかる行為だから、できればしたくない」と話していた。わたしは宮崎市に二年間暮らし、のんびりした人と時間を知っていただけに、市役所が捜査機関に近づく時代が現実化しているのを感じた。

「通報」は映像

もう一つ、生活への闖入者といえば、「スーパー防犯灯」がある。鉄柱にドーム形と呼ばれる半球状の三六〇度可動式カメラをぶら下げ、どんな風景の中でも、いかにも無粋に突っ立っている。

愛知県春日井市では、JR春日井駅前から春日井市役所にかけての約一・五キロに一九基が設置された。人々が家路を急ぐ駅前でも、緩く流れる川縁のアパート前でも、夕暮れていく空を背景にしても、ぬっと立つ山吹色の風体は浮いていたが、その下を行く人々はほとんど気にとめていない様子だった。

目ほどの高さには「警察緊急通報装置」「ボタンをおすと一一〇番につながります」とだけ赤い文字で記してある。二〇〇二年四月から使われ出したこの「防犯灯」は、警察への通報機能も持ち合わせ、ボタンを押せば県警と通話が出来る。だが頭上に二四時間、街頭を録画しているカメラがついていることは、どこにも書いていない。設置を報じた春日井市の市報も、通報機能にしか触れず、カメラの存在は一言も伝えなかった。後に気付いた市民が「自分がいつどこで写されたかも分からず、そのデータがどうなったかも分からない」と、市役所に駆け込んだことがあったのもうなずける。

スーパー防犯灯は二〇〇一年度の警察庁のモデル事業で、全国一〇地区（北海道岩見沢市、宮城県古川市、山形県鶴岡市、東京都墨田区、新潟県上越市、富山県富山市、愛知県春日井市、大阪府豊中市、香川県善通寺市、沖縄県沖縄市）に設置された。その後、他地域へも設置が広がっている。

警察庁によると、〇一年度の予算は五億六七〇〇万円。事業名は「街頭緊急通報システム」で、やはりカメラの存在は推し量れない。これからは「通報」といえば音だけでなく、映像も指していると注意する必要があるだろう。

春日井市の場合、録画映像は近くの春日井署で蓄積されている。また愛知県警は、地元ＩＴ企業と連携し、金融機関からの映像通報システム、コンビニ前の監視カメラ設置も全国に先駆けて実現させている。

空港の顔認識

人の行き来を厳重に管理する国際空港では、監視カメラがとらえた映像データは個人の特定にまで利用されている。

二〇〇二年五月、成田空港と関西空港にそれぞれ顔認識システムが導入された。顔認識とは、日と目の間の距離や鼻の長さ、あごの角度など、顔の複数の部分を数値化して照合し、人の同一性を識別する。顔だけでなく、指紋や手形、網膜、虹彩、声、歩き方など、身体的特徴を使う手法を、まとめて生体認証（バイオメトリクス）と呼ぶ。つまり、空港を通る大勢の人々の顔を監視カメラで撮影し、あらかじめ「要注意人物」として仕込んである顔データベースと、照合し始めたわけだ。

稼働は、日本中がサッカー・ワールドカップに狂騒していた時期だった。メディアでは、「フーリガン」があたかも異星人のように恐怖をもって報じられ、「外国人対策」やら「厳重な警戒態勢」が盛んに叫ばれた。各地の空港ではハリウッド映画から抜け出たごとく、特殊装備の警察官が警察犬を連れて繰り返し何者かを制圧する訓練をしてみせ、海上保安部が沿岸へ大型巡視船を繰り出せば、サッカースタジアム上空は試合中、ヘリコプターやハングライダーを飛ばさないよう報道機関や愛好家へ自粛要請があった。北朝鮮などアメリカの名指しする「テロ支援国」への警戒心をにじませながら、共同開催国だった韓国の警備もにぎにぎしく報道された。新しく完成した要塞のような永田町の首相官邸に、機関銃を持った新設の警備隊がだれを撃つのか立ち並んだのもこのころだ。わたしは、「警備」の越えられる敷居が、祭囃子の中で一気に低くなっていく様を目の当たりにしていた。

それでも、空港の顔認識の存在には秋口まで気がつかなかった。というのも設置者が警察でも海保でも入国管理局でもなく、税関だったからだ。財務省関税局は二〇〇二年度のサッカー・ワールドカップ対応費の中から、「顔照合・検索監視システム」を約一五〇〇万円出し、成田には、米国・フロリダのパームビーチ空港で実験使用された実績があるヴィジオニクス社（現在は合併によりアイデンティクス社）の「フェイス・イット」、関空には日本のニコンシステムの「ウィズフェイス」を設置した。

税関エリアは、飛行機を降りた全旅客が入管を通過した後、荷物を検査される部分に当たる。ただ、実際に全旅客を網羅しているかについては、関税局監視課は答えを濁した。「あくまで現在は試行期間中。ワールドカップ開催中は、毎日稼働していたが、その後は使ったり使わなかったりだ。実績が上がったとは聞いていない」というのだ。

顔映像と照合する顔写真のデータベースは、税関がこれまでの密輸捜査から顔写真を入手した人物のほか、国内外の警察から提供された写真を用いていることも暗に肯定した。監視カメラの撮影表示をしない理由を問うと、松田学・監視課長は呆れたように「我々は捜査機関ですよ。顔を隠されたら困るでしょう。せっかく新しい監視機器を導入しても、分かると他のルートへ回ってしまう。それじゃあいたちごっこですよね」と答えた。「とにかくたくさんの旅客が来るので、手元に不審人物の写真があっても係官が見るのでは限界がある。人間の視覚を補うもの、人間の視覚と一緒ですよ」とも強調した。

だが、監視カメラを使用する法的な根拠は「関税法の法令全般。行政機関の個人情報保護法にも違反しない」と、明確ではなかった。

わたしが面会の約束を得た上で財務省関税局を訪れたのは二〇〇二年一一月一五日で、稼働からすでに半年がたっていた。実は、成田空港の運用規定はこの二日前の一一月一三日付、関西空港の運用規定は三日前の一一月一二日付で完成していた。運用管理者やデータの登録・消去などの基本作業について定めたその内容を手にしたのは、年の瀬も押し詰まったころだった。

いつものことだが、現場取材は丁重に拒まれたため、二〇〇三年一月、私的な旅行で成田空港を通り、確認してきた。わたしの目には、ここのところすっかり慣れてしまったが、初見ではそれと知りえないドーム形カメラが、到着便の表示板の下にのっぺり顔を出していた。

どちらが本物?

何度まばたきを抑えて、目玉をほうらと剥き出してやっても、カメラはわたしをわたしと認識しなかった。ピーッと電子音がして、搭乗口にそのまま向かってはいけない人物と判定された。

二〇〇三年一月から三月、国土交通省は日本航空の協力を得て、成田空港での国際線搭乗手続きにバイオメトリクスを用いた「e-チェックイン実証実験」を実施した。カウンターで顔写真に続き、目の虹彩を撮影する。虹彩というのは、黒目の色の薄い部分で、ここに浮き出た模様を個人認証に使うのだという。わたしは愛想よく写真を撮られながら、これで自分も「マイノリティー・リポート」のジョン・アンダートンになってしまうのだと、内心動揺していた。

米国のフィリップ・K・ディック原作、スティーブン・スピルバーグ監督の映画「マイノリティー・リポート」は〇二年末に日本で封切られ、二回見た。トム・クルーズ扮する主人公アンダートンは、ワシントンDCの警察で「犯罪予防局」に勤める主任刑事。時代は二〇五四年。犯罪は予知能力者によって事前に予測され、アンダートンは犯罪が起こる前に容疑者を逮捕するのが仕事だ。だが、あるとき自分が殺人事件の容疑者と予知され、逃げ出す。しかし、地下鉄に乗って人ごみに紛れても、ショッピングモールへ入っても、そこには目を読みとるセンサー付きカメラがあり、アンダートンがどこにいるのか、捜査当局には手に取るように分かってしまう。

「e—チェックイン」は、顔認証と虹彩認証を組み合わせている。顔と虹彩のデータはホストコンピューターとICチップに記録され、搭乗者はICを持って手続きへ。まず、国内線ではすでに珍しくない自動チェックイン機に搭乗券とICカードを入れ、チェックイン機上部のカメラに顔を向ける。カメラが見た顔と、ICのデータが一致すれば、搭乗券が返ってきてチェックインは終了。次は手荷物検査場前のカメラが、虹彩を鑑定する。わたしが引っかかったのはここだった。

「髪の毛一本、まつげ一本入っても、認識しないといいますから」。JALの地上勤務員は慰めてくれるが、自分の同一性を否定されると、なぜか穏やかでいられない。むきになって前髪をなでつけ、まぶたの筋肉を緊張させても「だめですねえ」と繰り返されると、わたしが悪いのかと食ってかかりたくなってくる。一方で、汗がじわり出て「今日はマスカラをつけてるからかな」などと、機械に媚びる言い訳が口をついて出る。

バイオメトリクスは不思議だ。そのお眼鏡にかなわないと、自分の存在の方が間違っているかのような倒錯に陥る。いつの間にか、技術の枠にあてはめようと、自分の粗探しをするはめになっている。

虹彩入りパスポート

ＪＡＬはこの実験を、飛行機によく乗る上得意客向けのサービスだと念押ししていた。アジア路線が増え、ビジネスマンらに搭乗手続きに空港へ二時間前に来てもらうのでは、乗っている時間より待たせる時間の方が長くなりかねないから、手続きを簡単にするためバイオメトリクスの導入を検討しているという。一方、事業主体の国交省は、専らテロ対策を強調していた。

このずれには背景がある。国連の専門機関、国際民間航空機関（ＩＣＡＯ）は九〇年代から、増加する国際線旅客の搭乗手続きの簡便化を提唱し、バイオメトリクスの導入を検討してきた。技術を実用化し、標準化するために、国際標準化機構（ＩＳＯ）でも九七年から並行して作業が始まった。実際には遅々とした歩みだったのが、二〇〇一年九月一一日の米国・同時多発テロで一変する。米国がテロ対策の一環として、自国で進むバイオメトリクスの研究成果をＩＣＡＯとＩＳＯで強力に推し始め、国際標準化の協議は急ピッチで進んでいる。

国交省情報企画課の担当者は九・一一以降、日本国内の空港で搭乗者の氏名の確認や荷物検査を厳しくしているが、「それもあまり効率的とはいえない」と言った。

「要するに、例えばですが三菱商事の社長さんとか、朝日新聞の記者さんとか、身元のはっきり分かっている人を厳重にチェックしても仕方ないですよね。そういう人には検査は迷惑だし、先を急いでいるかもしれないから早く通ってもらって、イラクとか北朝鮮の人を厳しく調べた方が有益ですよね」

米国が世界中で音頭をとっての厳戒態勢だが、米国でこんな発言は許されないだろう。彼らは搭乗口で、アラブ人、黒人、東洋人をことさらに調べても、あなたの人種が危険だからとは口が裂けても言わない。わたしの日本人の友人も、あまりに毎回、搭乗前に列から外されて、荷物と身体を調べられるので、「どうしてわたしなのか」と係官に尋ねたが、「自動的にあなたが当たった」で押し通されたという。

無邪気というか、開けっぴろげな差別というか、国交省の担当者は、セキュリティーの行く末を計ずも明かしてくれた。つまり、セキュリティーの効率化とは、現にある偏見と格差をますます広げていく。国や企業の後盾のある人や金持には心地よく、何の後盾も持たない個人や貧乏人には過酷になるだろう。

米議会はまた、現在ビザなしで入国している日本やヨーロッパ諸国からの短期滞在者の扱いを変える「国境警備強化及び査証入国改正法」を可決、二〇〇二年五月に施行した。この改正法はビザなし入国の取り決めを結んでいる国々のパスポートに、二〇〇四年一〇月二六日以降、バイオメトリクスの搭載を求め、それがない旅行者にはビザの取得を求めている。

外務省は「米議会が危機感に駆られて突っ走った。だいたい今以上のビザ発行をする余裕が、米国大使館にあるのだろうか」と初めは様子見の構えだったが、米国大使館に実際にビザ面接の行列ができ始めると、導入に向けて動き出した。

ＩＣＡＯではバイオメトリクスのうち、信頼性の高い技術が、顔、指紋、虹彩に絞りこまれている。外務省旅券課の担当者は「それぞれの技術には一長一短あり、指紋は年を取ると消え、虹彩は目の細い人はだめらしい。これという決め手はないが、顔は現在のパスポートにも写真が入っていますから、一番抵抗が少なく、実現しやすいのでは」と話した。

視線の力

照りつける夏の日差しの中、日比谷公園から上がってくる人の波は引きも切らず、国会議事堂裏の衆議院側から参議院側へ、シュプレヒコールを繰り返して去っていった。両院の議員面会所前で出迎えた野党議員たちは、デモの列から請願書を手渡す人々と握手を交わし、激励し合う。その様子を地上からは警察官と公安職員、三メートルほどの高さからは街灯のような監視カメラがじっと見ている。

二〇〇三年七月四日、イラク特別措置法案が衆議院で成立した。だがその夕刻、わたしの目の前をゆく隊列は「自衛隊はイラクへ行くな」ではなく、「雇用を守れ」と叫んでいた。数千人規模の労働組合だということは分かったが、有事法制にもイラク特措法にも触れていない。おそらく国会の中だけでなく、国会の外のこの景色も、まがまがしい法案をそっと後押ししている。わたしの軽い失望はよそに、ドーム形カメラはのろのろとその風景を記録し続けていた。

国会に出入りしている市民運動関係者から、「国会にも監視カメラがついていた」と聞いたのは、梅雨の最中だった。行ってみると、幾度も通った地下鉄の出口に、例の愚鈍そうな姿がぶら下がっている。議事堂を一周すると、二〇メートルほどの間隔で外周をカメラが取り囲んでいる。建物の屋上分も含め、計四三台が設置されていた。

両院の警務部によると、衆議院側は二〇〇一年六月、議院運営委員会で海外視察をした議員から「海外の国会警備は厳しかった。日本ももっとやるべきだ」という意見が出て、門や塀の上にまず一六台を設置した。三カ月後、米国でテロ事件が起きると再び警察小委員会で話題になり、〇三年六月に七台を増設。このとき、最初につけた固定式カメラの大半を三六〇度可動式に付け替えた。

参議院側の設置は〇二年一二月。やはり米国の事件後に警備態勢が議院運営委員会で話題になり、二〇台の三六〇度カメラを門や塀、建物の屋上に取り付けた。今後、更に二台増設する予定という。

両院とも、ズーム倍率は二二倍。外壁には「テープスイッチ」という触ると警報が鳴る装置が仕込まれている。その装置の作動地点を、監視カメラも向くように設定してあるという。カメラは二四時間稼働し、映像は警務部のハードディスクに一週間保存された後、自動的に上書きされて消えるという。

「国会に来る人たちを撮っているわけじゃない」。参議院警務部では、説得された。「塀を乗り越えてくる人が年に何人かいるから、そのときしか使わない。事案が起きなければ、見ることもない。警察などの外部へ映像を提供することも考えていない」

一月に夜間、参議院側の北門から侵入しようとした人物を衛視が発見したとき、カメラが写したモニター映像を見たら、現場の人間しか分からないことも警務部で把握でき、役に立ったという。また参議院開設三〇周年記念などで議事堂を見学者に開放したとき、館内放送用テレビカメラを使って見学ルートの人の流れをモニター監視したときも便利だったと、「有用性」を語った。

「撮影中の表示をする考えはないのですか」と聞くと、「逆にお尋ねしますが、どうして表示する必要があるのですか」と切り返された。わたしは肖像権についての最高裁判例を説明した。すると、本当にきょとんとした顔をして聞いている。設置の判断も感覚的なら、運用規定を設けていないのも、同じく肖像権やプライバシー権への無知から来ているようだ。

帰り際、敷地内のカメラを案内してもらいながら雑談していると、その人は「本当は、欲しくて欲しくて仕方なかったんだ」とすがすがしいくらいの調子で告白した。

限られた人数での警備勤務は相当にきついらしい。特に、夜間は昼間の三分の一以下になるので、気を張っているという。九・一一以降、国会や議員会館に出入りする人々の身元と荷物のチェックは厳しくなった。身元の明らかでない人が議事堂内に入ったことが分かると、そのルートに関係する衛視たちは処分されるとも聞く。仕事が増えても、人数は増えない。どこの職場にもある悩みが、ここでは監視カメラを頼りにする結果に働いている。

思わず同情したくもなるが、国会の監視カメラは、他の場所以上に法的な問題点を持つ。

憲法一六条は、請願権を基本的人権の一つとして定めている。「請願をしたためにいかなる差別待遇も受けない」と、様々な政治的自由の中でも率先して保障している。

一橋大の渡辺治教授によると、これは歴史的に、一番初めに認められた政治的自由が請願権だったことに由来するという。どんな政治運動も、請願行動から始まった。「民主主義と自由をつなぐはじめの一歩だった」と言うのだ。

渡辺教授は、新聞用のコメントを依頼したわたしに、それ以上のことを語ってくれた。

「民主主義は、請願や集会、情報収集といった広範な政治的、市民的自由を土台にして機能している。それがなければ民主主義は絵に描いた餅だ。国会は生き生きとした民主主義のフォーラムとして、とりわけ市民と議員の交流が保障されなければならない場。そこに監視カメラがあれば、市民は不利益を受けないかと恐れ、強い抑止効果が生じる。設置を考えた議員は、自分の権限がだれに基づいているのかを考え直す必要がある」

つまり、監視カメラは誰がこの世の主人かという、隠れた問いをあらわにする。視線は力として働く。見る側は支配し、見られる側はその視線の価値の中で生きる。一握りの見る側と、大多数の見られる側に、社会が二分されたとき、両者の力関係は決定的なものになるだろう。

民主的運営の可能性

ここで冒頭の躓きに返ってみる。

監視カメラの民主的運営というのはあり得るのだろうか。別の言葉で言えば、監視カメラと民主主義は共存できるのだろうか。

スケールが小さいが、足元の取材経験から考えてみたい。

監視カメラはまず、取材の端緒となる発見が遅れる傾向にある。どこでも大抵、設置という事実が先行する。何の宣言もなく、普段は見上げもしない街頭や建物の壁に現れるから、なかなか気付かない。表示や運用規則も、だれか文句を言う人が出て、後から慌てて検討される場合が多い。

これは設置する側に、一抹かそれ以上の後ろめたさがあることにも起因している。監視行為はいわば一種の敵意の表れでもあるから、あまり積極的に公表したくない。法的な問題点を知る設置者なら、なおさら注目されたくないはずだ。一方で、公表せずに隠し撮りした方が効果があるのではないかという計算も働く。よって、多くの人の意見や議論を経ずに、密かに設置が進む。

次に、発見してもカメラの実態は、そう簡単に近づけないようになっている。「実際に見せてもらえないか」という取材の基本行為が、こう毎度毎度断られる分野も珍しい。この傾向は、当然のことだが、商店街よりも警察、公権力に強い。度し難いのは、こうして取材者が追い払われる理由に「プライバシー」が使われることだ。プライバシーを侵害している人たちが、プライバシーの管理者として君臨するとはどういうことだろうか。お上がやっているんだから間違いないという、無謬性の押しつけも透けて見える。

監視カメラは、「みんな」の安全を守るという謳い文句で登場するが、否、監視カメラを持っているのは「みんな」ではない。カメラを操作するのはだれかということは、重ねて想起する必要がある。

その元締のような警察は、そもそも情報公開に積極的とはいえない。

警察庁の広報への電話はなかなかつながらない。少ない人数で対応に追われているはずの担当者を責めたくはないが、日に三度四度とかけてやっとつながった電話で、記者クラブに属していない部外者の直接取材はにべもなく断られ、ファクスで質問を送ってほしいと言われる。一つ送れば、回答に一週間かかるのは当たり前で、しかも内容は不十分。再度、追加質問をして、結局一カ月くらいは軽くかかる。

それどころか、一般市民に対しては、警視庁の情報公開センターに監視カメラが設置され、防衛庁は情報公開申請者の個人情報を集めていたという事実まで判明している。これでどうして、大量の監視カメラの透明な運営など期待できるだろうか。おそらく、こんな問い自体、彼らはわらうだろう。捜査機関が秘密主義なのは、警察庁がNシステム（自動車ナンバー読み取り装置）裁判でほとんどデータを明かさなかったことの例を待つまでもない。

従って、監視カメラの民主的運営という可能性に、わたしは極めて悲観的だ。設置している側は、潜在的に視線は力だと熟知している。持ったからには、その威力を存分に発揮したいと願っているはずである。

抑止と予防の思想

「要するにね、抑止になればいいんですよ、抑止」

宮崎市役所の市民課で、カウンターの監視カメラに懐疑的な質問ばかり続けるわたしに、課長はこれなら文句ないだろうという声調で言った。そう抑止ですよ、抑止と、横から課長補佐も相づちを打つ。「本当なら録画していなくてもいい。カメラのように見えるものをつけているだけでもいいと思ったくらいです」と言うのだ。

よくし。わたしは味わい慣れぬ言葉を口の中で転がしてみる。確か、長崎でも佐世保でも、同じような理由を聞いた。抑止といって、わたしに思いつく言葉は「核抑止論」くらいだ。人類を破滅に導く核兵器が存在することにより平和が続くという、頭と性格がねじくれそうなあの理屈。わたしは何故だかひどく侮辱された気分になる。抑止ってそんなに大手を振って言える理念だったかしらんと困惑する。

抑止とは、つまり脅しである。脅しによって保たれる安全は、安全か。脅しによってつくりだされる平和は、平和か。街にひとつ監視カメラが増える度に、わたしはこの根っこの問いを自分に突きつけていかなくてはならない。

監視カメラはもしかしたら、この世に不安が残らないように、この世の闇をすべて照らし出そうとしているのかもしれない。けれど、照らし出された闇は、光にはならない。もう一つの、もっと底深い闇が現れるだろう。カメラの奥にも、わたしたちの暮らしにも。

ドーム型カメラ。歌舞伎町

高感度型カメラ。歌舞伎町

３億2000万円（01年度都東京予算）を投入して設置された「街頭防犯カメラシステム」の運用が02年２月27日にスタートした。50ヶ所設置された高性能デジタル監視カメラは、歌舞伎町一丁目・二丁目付近の約600m四方を死角なく捉える。公道上を行き来する不特定多数の通行人の動きを承諾無しに撮影、映像は新宿署と警視庁本部で24時間フル稼働でモニター監視される。同時に映像は専用ハードディスクにデジタル記録され、原則一週間保存した後、消去するとされている。ただし簡単な内部手続きにより永久保存が可能。先日成立した03年度東京都予算では渋谷センター街を中心とした渋谷区宇田川町に10台、池袋駅西口の豊島区西池袋１丁目に20台を設置することになっている。（撮影・吉村英二、文・小谷洋之）

監視カメラ大国イギリスの今

山口　響

イギリスには現在公私含めて二五〇万台の監視カメラがあると言われている。これは全世界の監視カメラの実に一〇%を占める。また、イギリスの監視カメラの市場規模（装備・設置・維持にかかる費用）は、一九九六年から二〇〇〇年の平均で年間三・六一億ポンド（約六八五億円。一ポンド＝一九〇円で換算。）という巨額なものである［Norris 2003: 255］。

どうしてイギリスでは監視カメラがこんなに広がったのか。実際どのように使われているのか。新技術が発達してくるとどんな新しい問題が出てくるのか。これらの問題に答えることを通じて、監視カメラが、実際に言われているほどには、市民の安全や人権擁護の役に立っていないということを示そうと思う。

1、監視カメラの広がり

初めに、監視カメラがいかにイギリス市民の生活に浸透しているかということをざっと見ておこう。ここでは、「公的」なカメラに限定している。「公的」とは、多くの人が比較的無差別に立ち入れる空間に存在する、国・自治体等の資金を得て設置されている、などの意味である。(1)ただし、後で説明するように、「公的」と「私的」の境界はかなり曖昧なものになりつつある。

また、デジタル技術を用いた監視カメラについては、アナログの場合と異なる社会的影響があると考えられるため、別項の中であらためて説明することにする。

写真１：ロンドン中心部の街頭監視カメラ

写真２：ロンドン中心部の街頭監視カメラ

写真３：道路用監視カメラ

（1）前史

記録に残っている一番古い監視カメラは、ロンドン交通公社が一九六一年に駅に設置したものである。その後、一九六七年にはフォトスキャン社（Photoscan）が監視カメラを初めて商用で売り出し、一九七四年にはロンドン警視庁（スコットランドヤード）の渋滞緩和用カメラ設置、翌七五年には、ロンドン地下鉄の北部線・ビクトリア線へのカメラ設置と続く。ロンドン警視庁の交通用カメラはのちにデモの監視などのいわゆる「公安」用にも転用されていく。実のところ、八〇年代までの（国家の関わる）監視カメラは、交通対策や、デモ・ピケ・フーリガンなど特定の意図を持った人々のみを念頭におり、それほど広がりを持ったものではなかった［Norris and Armstrong 1999: 51-4］。ところが、九〇年代には一般市民までも対象にしはじめる。

（2）市街地・商店街・複合商業施設

イギリスにおいて特に際立つのは、公共空間に見られる監視カメラだ。市中の歓楽街・商店街・複合型商業施設（ショッピング・モール）など、小売店の建ち並ぶ場所で、万引・ひったくり・強盗・けんか・器物損壊などを防止するとの目的で設置されている。

そのうち最も早いものは、一九八五年夏に、イギリス南部の海岸都市ボーンマスに現れた。その後、公共監視カメラシステムは、大都市部を中心にして広がり、二件（一九八七年）→三九件（九三年）→七九件（九四年）→九〇件以上（九五年）→二〇〇件以上（九六年）→四五〇件

（九八年）→五八五件（二〇〇一年）と順調に増えてきた。この九〇年代以降の爆発的な広がりには、後述するように、国庫補助金制度の整備が大きく関係しており、警察・自治体・地元商店などの緊密な協力の下に成り立っているものである。運用の面でも、各店舗は、常習犯に関する情報・監視カメラのオペレータ・無線システムを共有するなど、有機的な連携を進めつつある[2]（運用の具体的な様子については、第三節を参照）。

（3）学校・保育所

一九九六年三月、スコットランドのとある小学校に侵入してきた男が銃を乱射し、一六人の生徒と一人の教師が死亡するという事件が起こった（男は学校内で自殺）。この事件をきっかけに、学校の安全に対する人々の関心が高まり、早くも事件のあった年の六月には、内務省のプロジェクト「都市チャレンジコンペ」の一環として、一〇〇の学校に監視カメラが設置されることとなった。さらに、同年一二月には、教育・雇用相が、学校安全のための六六〇〇万ポンドの計画を発表した。以後、学校において、監視カメラ設置・校門やドアの出入管理・ガードマン配備などの措置が広く採られるようになった[3]。

ところが、学校の監視カメラは、「外敵」から学校を守るためだけでなく、その矛先——盾ではなく——を教師や子どもたちにも向けるようになってきた。ある警備会社の人間はこのように語る。「（防犯カメラは）学校の備品等の破壊・子どもたちの行動・サボリ・いじめなどの日常的な学校運営上の問題に効果的だということが、ますます証明されてきています」[4]。さらにこの人物によれば、監視カメラによって撮影したデジタル静止画を、保護者に電子メールで送ることも可能だという。そうすることで、親にきちんとしつけをしてもらおうという訳だ。

また、親の方でも、監視カメラがあったほうが安心して子供を学校にやれるという声があるようだ。実際、親が自宅や職場などからインターネットを通じて子供の様子を観察できるようにする保育所も現れた[5]。

しかし、教師の中には、校内暴力などの問題への懸念をカメラ推進者側と共有しつつも、自分たちもまたカメラに見つめられているのは気分がよくない、としてカメラ導入に疑念を持つ者もいる[6]。

(4) 病院

病院もまた、乳児の誘拐や、患者・職員への暴力に悩まされてきた。その結果、先述の「都市チャレンジコンペ」などを通じて、監視カメラのための補助金が病院に与えられるようになってきた。また、病院のカメラは、自治体・警察のそれとシステム上統合されるケースもある[7]。しかし、それでも暴力は止まず、「交通警察があるのだから『国民保健サービス（NHS）警察』も必要だ」という関係者もいる[8]。

（5）交通機関

・鉄道会社は、駅構内での暴力・倉庫の破壊・線路への侵入などを防ぐため、到る所に監視カメラを置いている。また、乗客の安全を守るために電車内にも多くのカメラが配備されていることは言うまでもない。

・バス会社「ゴー・アヘッド」が、二五〇〇台のバス全てに監視カメラを設けている[9]ほか、乗合バスへのカメラ取り付けは数多く報告されている。また、スクールバスの中にも、車内で子供が暴れたりいたずらしたりするという理由でカメラが取り付けられるようになってきている。[10]

・タクシー運転手への暴力を防ぐ目的でも監視カメラは利用されている。あるシステムの場合、タクシー内には監視カメラと緊急ボタンが備え付けてあり、モニタリング・ルームでは、タクシーの位置を捕捉したり、タクシー内の音声を聞くことも可能である。[11]

（6）公共駐車場

イギリス政府は、二〇〇四年までの五年間に自動車関係犯罪を三〇％減らすとの目標を掲げており、駐車場の安全確保にも熱心である。そのひとつとして、「安全駐車場認定制度（Secured Car Park Award Scheme）」がある。これは、全国警察本部長連合（the Association of Chief Police Officers）が一九九二年に創設した制度であり、監視カメラがある・街灯がある・パトロールが適切である・犯罪を防ぐ設計になっているなどの条件を満たした場合に認定される。現在イギリスにある約二〇〇〇〇ヶ所の駐車場のうち、一〇〇〇ヶ所強が認定されている［Smith, Gregson and Morgan 2003］[12]。監視カメラは駐車場の安全を守るための最も重要な道具として位置付けられている。

（7）速度違反確認用カメラ

速度違反確認用カメラは、俗に「スピードカメラ（speed camera）」と呼ばれ、一九九二年にはじめて配備された。二〇〇一年に、スピードカメラによって速度違反に問われたドライバーは一一〇万人にも上る（イングランド・ウェールズのみ）[13]。しかし、実際にフィルムが装填されているカメラは一〇台に一台しかない[14]。

近年の動きとして以下の四点を挙げておこう。第一は、カメラの存在を明確にするような措置が取られていることである。多くの警察署は、カメラの位置を掲載した地図を自署のホームページに掲載している。また、ドライバーがカメラの位置を確認しやすいように、カメラを黄色に塗るところが近年増えてきている。二〇〇一年一二月には、カメラ設置の詳細なガイドラインが内務省によって作成された[15]。スピードカメラで得た情報を証拠にして速度違反の罰金を集めることが体のよい徴税手段になっており、「道路の安全」は実は名目に過ぎないのではないか、というドライバーからの批判がこれらの措置の背景にある。しかし一方では、カメラを鮮色にすることによって逆に事故が増えるとの論文が『英国医学雑誌（British Medical Journal）』に載ったり[16]、交通の安全を求めるＮＧＯ「交通問題２０００（Transport 2000）」によって、カメラを鮮色にすることは速度違反をするドライバーを利するという理由で訴訟を起こされたりしている。[17]ただしこれらは、スピードカメラの存在を認めた上で、その効果をより向上させるための論争である。

第二は、スピードカメラの運営資金を自己回転する制度が作られたということである。「自己回転」とは、スピードカメラによって集められた罰金を国庫に一旦収納することをせず、カメラの購入・運営等に直接充当するということを意味する。かねてより、八つの警察署管内で実験が行われていたが、「二〇〇一年車両（犯罪）法 Vehicles（Crime）Act」によりそれが全国的

写真４：スピードカメラ。黄色に塗られている。

写真５：移動用監視カメラ。2003年２月15日、ロンドン100万人反戦デモにて。

に可能となった。[18] 政府は、カメラにより速度違反と交通事故が激減すると宣伝しているが、統計的に見てあやしいとの主張もある。[19] しかし、この法の施行以後、カメラの数は飛躍的に増大するものと予測されている。

第三に、新型のスピードカメラ「SPECS」が登場している。これは、数百メートル〜数キロの間に設置した二台のカメラで車の平均スピードを測り、速度違反か否かを判定するものであり、ドライバーは、カメラの直前で減速することにより取締りを逃れることが不可能になる。[20]

第四に、これまでのスピードカメラは車両の後方から撮影するタイプのものがほとんどだったが、車両の前方から撮影できるタイプのものが現れ始めていることである。[21] これに顔認証技術（五節参照）が加わると、[22] 単に速度違反だけでなく、ドライバーをあらゆる目的で監視することが可能となる。[23]

このように、スピードカメラによる監視の網は、数・制度・技術各面において着々と強化されつつあるが、ドライバーは今のところそれほど大きな抵抗を示していない。ある調査によれば、ロンドンのドライバーの七五％がスピードカメラの使用に賛成しているとのことである。[24] しかし、「スピード違反なんか誰でもやっているのに」という一般的な感覚は当然存在する。そのあたりの感情を捉えて、保守党の影の内務大臣オリバー・レットウィンは、スピードカメラや渋滞税（五節参照）などにより労働党政府は楽な目標ばかりを追おうとしている、と批判している。[25] しかし、これもまた「監視社会」化そのものへの批判ではない。

（8）住宅地

最近では、公共空間のみならず、住宅街という、私的空間と公的空間の境界領域にまで、監視カメラシステムが広がりつつある。強盗防止・麻薬撲滅・人種差別的犯罪の防止など名目は様々である。

一九九五年八月、イングランド北東部の都市ニューキャッスルに、初めての住宅地監視カメラシステムが設置された。一九九七年に保守党政権がブレア労働党政権に代わって以降は、複合的な剥奪・衰退状況（deprivation）――貧困・高い失業率・高い犯罪率・悪い健康衛生状況・建物等の荒廃・福祉の未整備など、住民の生活にとって不利な条件が複合的に存在すること――にある住宅地への監視カメラ設置がとりわけ推進されている。二〇〇二年一〇月三一日の『ガーディアン』紙は、政府の「地域への新規まき直し計画（the New Deal for Community）」によってIT整備のための資金を与えられたある貧しい集合住宅が、インターネットを通じて監視可能なカメラ（いわゆる「ウェブカム webcam」）を設置しようとする姿を伝えている。[26]

（9）サッカー場・フーリガン対策

フーリガン対策として監視カメラが使われ出したのは、一九八〇年代中葉のことである。[27]スタジアム等での固定式カメラのみならず、移動可能な車載式も用いられている。そして、カメラの設置は、フーリガンを排除するための様々な措置と組み合わされている。例えば、以下のようなものがある［Armstrong and Giulianotti 1998］。

①警察と各サッカーチームの「サッカー諜報官（Football Intelligence Officer）」の協力

②全国サッカー諜報室（National Football Intelligence Unit）を内務省内に開設（一九八九年）、のちに全国犯罪諜報班（NCIS= National Criminal Intelligence Service）と統合。NCISは六五〇〇人のフーリガン情報を持つ。

③「フーリ・ファックス（Hooli-fax）」：デジタル化されたフーリガンの顔写真を、スタジアムなどにいる警官の端末に伝送。この顔情報はもちろんNCISによって保有されているものである。

具体的な排除の事例として、スコットランドのチーム「グラスゴー・セルティック」のケースを挙げておこう。このチームでは、テロや政治的暴力を称揚するような歌を歌っている観客を監視カメラでとらえた場合に、その観客からシーズン・チケットを取り上げたり、スタジアムの出入り禁止措置をとったりしている。(28)

(10) 反テロ・公安

イギリスには、アイルランド系テロリストとの長い闘いの歴史があり、「九・一一事件」以前から、テロ対策の監視カメラ設置が盛んである。この手のものの代表として、ロンドン・シティ警察の「鉄の輪（Ring of Steel）」がある。ロンドンでのＩＲＡによる爆弾テロを受けて、一九九三年一一月に、金融街のシティを取り囲む形で設置された（全二六台）。翌九四年八月、シティ警察は民間の監視カメラも本格的に動員してテロ対策にあたるようになる。この警察―民間協力の仕組みは、「カメラウォッチ」と呼ばれており、現在、三八五件のシステム・一二八〇台以上の監視カメラからの情報が利用できる状態になっている。[29] さらに、「鉄の輪」は、早くも一九

写真６：サッカークラブ「ウエストハム・ユナイテッド」のスタジアム入口のドーム型カメラ。（写真左下）

写真７：「この施設はカメラで監視されています」との掲示

九七年二月に「車両ナンバープレート自動読み取り」機能を追加し、シティ警察によれば、初めの三年間で七五〇〇万件のナンバーを読み取り、殺人・性犯罪・強盗などの重犯罪者を一二〇〇人逮捕したという。[30]

また、諜報機関MI5は、二〇〇〇万ポンドをかけて、イギリス全土の高速道路・港・空港などに、テロリスト逮捕のための隠しカメラをしかけているという。[31]

警察側は、例えば、一九九九年四月にロンドン南部のブリクストン地区で起こった「釘爆弾事件」を監視カメラを使って解決した、などといった成果を持ち出して、監視カメラの正当化に努めている。

(11) 空港

「九・一一」以降空港での安全の問題に関心が高まっているが、「九・一一」のインパクトを大きく見すぎるのは禁物である。実際、ヒースロー国際空港（ロンドン）での「虹彩認証」[32]実験は、「九・一一」の起こる前から実験開始が決定されていた。入国審査を早くできるようにするため、という目的が掲げられているが、それに加えて、不法移民やテロリストを水際で防ごうという意図があるのはいうまでもない。実験は二〇〇二年中に行われ、現在そのデータを元にさらなる研究が進められている段階である。

(12) 北アイルランド

このところ、北アイルランドの独立派(カトリック)とイギリス残留派(プロテスタント)の間の暴力が再び激しさを増している。そうした中、両派の居住区域の境界に設けられた監視カメラが、両派の争いのひとつの焦点になっている。二〇〇二年六月、北ベルファストで独立派が警察を襲撃する事件が起こった時、まもなく監視カメラが設置される予定だったポールもまた破壊されてしまった。[33] また、翌七月には、東ベルファストの境界地域で、シン・フェイン支持派(独立派)が監視カメラを破壊するという事件が起こった。彼らの中には、監視カメラは自分たちにだけ一方的に向けられていると感じる者も少なくないという。[34] さらに二〇〇三年三月には、同じ東ベルファストで、今度はプロテスタント系がカメラを破壊してしまった。[35]

2、どうして監視カメラは広がったのか?

以上で見てきたように、イギリスでは監視カメラがすさまじい勢いで広がっているが、これを下支えしているのが、政府の補助金制度である。この文字通り「公的」な監視カメラは、はじめはやはり大都市部を中心に広がり、最近では、犯罪が非常に少なく、人口も数千人といったような田舎の町村にまで設置されるようになってきている。公的カメラは、一九九〇年にはわずか一〇〇台だったのが、四〇〇台(九四年)→五二〇〇台(九七年)→四〇〇〇〇台(二〇〇二年末・予想)と急増してきた[NACRO 2002]。

こうした公的カメラ激増のきっかけとなったのは、一九九四年に当時の保守党政府が発表した「都市チャレンジコンペ（City Challenge Competition）」という、カメラ設置に補助金を与えるプロジェクトである。政府は設置費の五〇％までを補助し、残りの設置費と運営費は各地域で自弁となる。補助金の申請およびカメラの設置・運営は、自治体・警察・商工会議所・その他市民団体などで構成される、地域ごとのグループで行なう。そして、このグループ同士が競争をして、政府の補助金を獲得するという仕組みである。この制度により、一九九四／五年には五〇〇万ポンド（約八億円。一ポンド＝一六〇円で換算）、九五／九六年と九六／九七年には各一五〇〇万ポンド（約二四億円）が支給され（イングランドおよびウェールズ）、一九九八年初頭時点で約四五〇市町村が監視カメラシステムを持つこととなった［Fay 1998: 316］(36)。

こうしたやり方は、九七年に政権についた労働党も基本的に踏襲することになる。まず、九七年一一月から、元は保守党政権のものである「都市チャレンジコンペ」の第四次募集を行った。ただ、内務副大臣のアラン・マイケルは、このような補助金はこれで最後になるだろうと述べていた［Fay 1998: 318］。にもかかわらず、労働党政権は、一九九九年になって、内務省、環境・運輸・地域省、ウェールズ議会の共同で「犯罪撲滅プログラム・防犯カメラ整備計画（Crime Reduction Programme CCTV Initiative）」を開始することになる。これは設置費の一〇〇％補助をも可能としたもので、二〇〇二年までの三年間に、イングランド・ウェールズに一億五三〇〇万ポンド（約二九〇億七〇〇〇万円。一ポンド＝一九〇円で換算）、スコットランド・北アイルランドに一七〇〇万ポンド（約三二億三〇〇〇万円）をそれぞれ支出しようという壮大な計画である。[37]

この際、特筆すべきは、「一九九八年犯罪・秩序違反法」で各地域に設置された「犯罪・秩序違反撲滅パートナーシップ（Crime and Disorder Reduction Partnership）」をカメラの申請・設置・運営主体とすることによって、制度化がより進行したことである。この「パートナーシップ」は、自治体・地元警察・保護観察委員会・保健当局・少年問題当局などによって構成され、地元の商工会・慈善団体などの民間団体を極力巻き込むことが望ましいとされている。その任務は、犯罪を減らし治安悪化を食い止めるための基本計画を策定・執行・評価することである。

それでは、なぜこれほどまでに監視カメラが熱心に推進されているのだろうか。ここでまず言っておかねばならないことは、「監視カメラに関する技術が発展したから」という答えは全くの誤りであるということだ。なぜなら、この解答では、国ごとの違いが説明できない。現在ではいわゆる先進諸国の技術レベルの差はそれほどでもないし、差があったにしても他国のメーカーから監視カメラを買えばよいことである。にもかかわらず、なぜ日本よりもイギリスの方がずっと熱心なのだろうか？

また、「近代の都市生活は『他人との接触』が一つの大きな特徴であり、この他人へのおそれから、人々は監視カメラを求めるのだ」という説明がなされることもある［Norris and Armstrong 1999: 20-23］。しかし、この解答によってもまた国ごとの違いは説明できないし、特に九〇年代に入って監視カメラが急増してきているという時期の問題も解決されない。他人と接触する都市生活はずっと昔からのものだし、他人を監視するために利用可能な技術もはるか以前から存在していたのだ[38]。

そこで、それぞれの地域において、監視カメラ設置を推進する動機は何か、補助金申請までの間に、どのようなプロセスをたどるのかという点について具体的にみていこうと思う。

八〇年代後半から現在に到る全ての期間において一貫して見受けられるのが、都市中心部の商店主（特にデパート・スーパー・複合型モールなどの大規模小売店主）たちの経済的動機である。イギリスの都市は、工業の地盤沈下とサッチャー政権（一九七九～九〇年）に始まる規制緩和・民営化路線により――日本で言うところの「小泉構造改革」路線にあたるもの――貧富の差が広がった結果、各地で衰退していた。さらに、郊外型ショッピング・センターが八〇年代末に登場するに及び、都市中心部の商店街はいよいよ危機に陥る。商店主や自治体の都市開発担当者にとっては、街に新たな投資を呼びこんで「ショッピング・レジャー空間」として再生し、顧客を取り戻すことが急務であった。そのためには、安全で・魅力があり・クリーンな商業都市といったイメージ戦略が必要であり、その際、一種の経済的インフラとして救世主になると思われたのが監視カメラの存在だったのである［Coleman and Sim 1998, 2000; Fyfe and Bannister 1996, 1998; Bannister, Fyfe and Kearns 1998; Reeve 1998］。

補助金申請までの実際のプロセスを見ると、補助金の存在を警察に教えられ[39]、商店主たちが自治体当局・地元マスコミなどの巻き込みを図るケース、[40] 自治体の都市開発当局が地元企業を説き伏せてコストの一部負担に導くケース[41] など様々である。しかし、最終的には、政治・経済のエリートが「都市再生」の旗印の下に大同団結して事にあたることが、成功の鍵を握る。

しかし、これにはいくつかの壁がある。第一は、コスト負担の問題である。たいていの監視カメラシステムは、政府・自治体の補助金と地元企業などの負担を組み合わせて設置・運用されている。したがって、カネを出し渋る企業をどれだけ巻き込めるかがポイントとなる。カメラ設置まではよくても、その後延々と必要になる運用費の捻出はさらに大変だ。企業が費用負担してくれないがために、システムの存在そのものが危機に陥る場合もある。[42] こうした費用負担の問題は、小売店や企業が各自で加入している民間損害保険等の保険料が、監視カメラの区域内に店舗・事務所があるという理由で割り引かれることによって相殺されることもある。第二の壁は、地元議会の与党が労働党の場合、警察の権力を伸張させるような措置に対して、すんなりと賛成を得られるわけではないということだ [McCahill 2002: cp.2][43]。しかし、中央の労働党自身が補助金制度をはじめたことにより、監視カメラ設置に対する地方の左派の抵抗感も薄れている。

結局のところ、これらの壁を乗り越えて、都市のエリート連合が形成されることが多い。なぜなら、ますます進む規制緩和・経済のグローバル化の中で、「場所（立地）」自体が一つの商品価値となった結果、街に新たな投資を呼びこむ必要性がますます強く感ぜられ、「自治体間競争」

という方向へ否応なしに追いこまれているからだ。こうして、都市中心部商業地域のかなりの部分が監視カメラによりカバーされることとなった。

しかしながら、こうした——とりわけ社会的強者の側の——経済的動機だけで監視カメラ問題を語るのには限界がある。というのも、都市商業地域のかなりの部分がカバーされてもカメラ設置への動きは止まず、一九九九年に始まった労働党の「防犯カメラ整備計画」では、都市中心部に加え、住宅地や公共駐車場でのカメラ整備を一つの核とする方針を打ち出しているからだ。また、同じ労働党政権によって設置された「地域再生対策室（Neibourhood Renewal Unit = NRU）」による「地域への新規まき直し計画（the New Deal for Community = NDC）」においては、貧困にあえぐ地域に対する様々な救済策の一つとして監視カメラの整備が入っている［Neibourhood Renewal Unit 2002a, 2003］（第一節［8］住宅街の項も参照）。

このＮＤＣ計画において具体的に実施・提案されている監視カメラの利用法は以下の通りである。

- 麻薬取り締まりのための、監視カメラ搭載車両（以上、『年次報告二〇〇〇／〇一年度版』より）
- 自動車盗難・仮釈放の条件破り・常習犯などを捕らえるための「車両ナンバープレート自動読み取り（ＡＮＰＲ）」機能付き監視カメラの設置
- 地元商店街へのカメラ設置

・工業地帯へのカメラ設置
・土地・住宅価格が下がり衰退しつつある地域へのカメラ設置（以上、『二〇〇一／〇二年度版』より）

また、ＮＲＵの別の制度「地域再生基金（Neibourhood Renewal Fund）」においても、監視カメラの整備に対して補助金が出されているし［Neibourhood Renewal Unit 2002b］、地域の様々な問題に対処する「地域巡視員（Neibourhood Warden）」もまた、監視カメラの運用に関わる権限を与えられている［Neibourhood Renewal Unit 2002c］(44)。

ＮＲＵが「地域再生」というとき、競争・効率・自己責任等の理念を旨とするサッチャー改革の結果として分厚く肥大してきた経済的・社会的弱者を救済し、社会に再統合していくことが念頭に置かれており、その点では、本来は弱者に優しい労働党らしい政策だといえる。しかし、こと犯罪対策に限っていうと、街頭や住宅地などで、法律上の犯罪のレベルに達しない「迷惑行為」（大声で叫ぶ・物を投げる・ゴミを撒き散らす・廃屋で遊ぶ、など）とでもいったような行動をする住民を取り締まり、場合によっては本人の居住地から排除するといったことすら行われている。そして、監視カメラはそのための一つの道具として位置付けられている。

ＮＲＵが対象とするような衰退した地域での犯罪は、被害者・加害者の双方が社会的弱者であるケースが圧倒的に多く、監視カメラ等によって犯罪を減らすことが弱者救済の一要素となることは疑いえない。その点では、専ら社会的強者の利益に供される都市中心部の監視カメラシステムの場合とは明らかに異なっている。しかし、労働党の取っている政策は、「被害者」側の弱者を救済することと引き換えに、「加害者」側の弱者を封じ込め、社会から排除してしまっている。そして、そのことが――商業地域の監視カメラの場合と比べて――住民の生活により近い局面で行われるだけに、人間関係に対する破壊作用がより強く働くことになる。このように、監視カメラは決して全ての社会的弱者救済の手段とはならないのだ。

以上で、都市中心部と貧困区域それぞれの監視カメラ設置の力学を見てきた。これらの場合のいずれにせよ、監視カメラ計画においてより重要だと考えられているのは、犯罪そのものを減らすことよりも、監視カメラの抑止効果という「神話」を通じて犯罪への恐れを減らすことのほうであり[45]（日本では、「体感治安」の問題などと呼ばれる）、マスコミのレベルでは、監視カメラが犯罪抑止に効果があると盛んに宣伝している。ＢＢＣで一九八四年から始まった番組「イギリス犯罪ウォッチ（Crimewatch UK）」は、実際に起こった犯罪の再現ビデオや監視カメラ映像などを駆使しながら、一般市民から犯人の情報を募る、人気の長寿番組である。また、新聞には監視カメラからの静止画像がしばしば掲載される。

こうした状況の中、各地方を監視カメラ補助金争奪戦に突き動かすものは、「監視カメラを置かねば隣町から犯罪者が流れてくる」[46]「私もいつならず者から恐ろしい目に遭わされるかわからない」という住民の漠然とした不安・強迫観念と、それを取り除くためには国・自治体は何かをやらなくてはならないという信念である。監視カメラ問題は、強者の経済的動機がリードするという当初の文脈から離脱し、住民の相互不信を基礎としながら(47)、いまや日常生活の中にしっかりと根を張り始めている。

監視カメラの増殖は、サッチャー改革以後人為的に作り出されてきた市民間の相互不信の結果でありながら、その存在がまた相互不信を加速させるという、一つの悪循環の構成要素なのだ(48)。そこで失われつつあるものは、市民の自発的な紛争解決能力である。

3、監視カメラは実際どのように使われるのか？

前節で説明したのは、監視カメラの設置をめぐるマクロな文脈である。それでは、監視カメラの実際の運用（＝ミクロな側面）はどうなっているのだろうか。

まず言っておくべきことは、監視カメラの犯罪抑止効果は未だに証明されていないということだ。内務省委託の二人の学者による研究（二〇〇二年八月）では、監視カメラの犯罪予防効果には疑問が呈され、カメラのある駐車場では犯罪が四一％減少するものの、犯罪全体ではわずか四％しか減少しないとされている［Welsh and Farrington 2002］。しかも、同じ学者によってなされた別の研究では、街灯の設置なら犯罪を二〇％押し下げるとの結果も出ているのだ［Farrington and Welsh 2002］。

実際のところ、監視カメラの運用は、刑法上の犯罪とは関係のない部分に関しても多用されている。以下、四点紹介しよう。

第一に、一般的に言って監視のターゲットにされやすいのは、十代・男・黒人・スポーツウェア／サブカル系衣服や帽子の着用者・ホームレスなどである。こうした、「外見」「属性」への注目に加え、店先でのたむろ・ゴミを撒き散らす・ピンクビラを貼る・道端で商売をする・複合モール内で犬を連れ歩く・走っている・泥酔しているなどの「行動」もまた特に注目されやすい［Norris and Armstrong 1999; McCahill 2002］。また、カメラのオペレータにとって既知の常習犯が歩いているのを見つけた場合、その人物が連れ歩いている人間まで排除してしまう。これらは先に説明した、「魅力ある」街作りという戦略と関係がある。「買い物の雰囲気を壊す」ような行動・あるいは壊すと考えられる人は、法律上の罪を犯さずとも監視・排除の対象なのだ。[49][50]つまり、例えば若者が注目されるのは、彼らは買い物などせずに、ただぶらぶらしているだけだと考えられているからである（実際どうかはともかく）。もっとも、そう判断するのはオペレータであり、[51]偏見をなくそうとオペレータが努力をする場合もある。ある研究によれば、オペレータは、人種を元にターゲットを決めることはないと言明したという［Turton 2001: 27］。ただし、これは、人種差別にある程度敏感にならざるをえない公的な監視カメラシステムの場合であり、商店街での私的なシステムの場合、見た目の判断によるターゲット化はひどくなる傾向にあった。

ただし、こうした現場の（＝ミクロな場面における）判断は、単にオペレータの「好み」の問題として処理することはできない（もちろん、そうした側面もあるが）。というのも、そうしたオペレータの判断に対して何らかの基準を提供する、マクロな法的・制度的枠組が存在するケースも間々見られるからだ。具体的にいうと、パブ・クラブの迷惑客の「排除命令」制度（ウェールズ・レクサム区[52]など）、攻撃的な物乞い行為（aggressive begging）の逮捕方針（ケンブリッジ[53]、ロンドン・ウェストミンスター市[54]など）といったものが挙げられる。前節では、「（カメラ推進者にとって）より重要だと考えられているのは、犯罪そのものを減らすことよりも、監視カメラの抑止効果という『神話』を通じて犯罪への恐れを減らすことのほう」だと書いた。しかし、ここで挙げた事例からも明らかなように、近年においては、これまでは法律上の犯罪とはされていなかったものを、「犯罪」のカテゴリーに取り込むことによって、様々な行動を実効的に規制しようとする動きも目立ってきているのだ。このように、監視カメラは、単に犯罪への恐れを減らす、という象徴的効果を果たすだけではない。

第二に——一点目と関係するが——商売上の損失に関わる事例には過敏に反応する。これは監視カメラのオペレータというよりも、彼らを統括するマネージャに特にあてはまる。ある複合型モールの場合、エレベータの故障・火災報知・のちに顧客との間で賠償問題に発展しそうな事故などの場合、マネージャはすぐガードマンを派遣しようとしたという［McCahill 2002］。

第三に、「女性・子供を守る」というのは単なる名目と化している。カメラの管理室を観察したノリスとアームストロングによれば、オペレータがカメラの画像に注目した六四〇例中、女性の保護を目的とした注目はわずか一例しかなかったという。逆に、女性は鑑賞の対象となることが多い。あるデパートの警備室長の机から、デパートで買い物をする故ダイアナ妃の映像ばかりを集めたテープが見つかったこともある。浜辺に設置された監視カメラで女性を見たり、カメラで自分の好みの女性を見つけると、近くの公衆電話にオペレータが猥褻な電話するといった事例もあった。(55)

もう一つの事例として、売春婦を監視カメラで守るという試みもある。グラスゴーでは、売春婦の連続殺人事件発生の後、監視カメラに守られ街灯を整備した赤線地帯を設置した。(56) 殺人はなくなり、女性たちの安全は守られているというのは確かに事実ではあるが、売春という女性の性的搾取自体をなくしたわけではない。

また、子供に関しては、彼らを保護するというよりも、学校をサボっている子供や商売の邪魔になりそうな子供を見つけることに重きを置いていることの方が多い［Fay 1998; McCahill 2002］。しかし、子供であっても、それが商売上の重要な収入源とみなされるときには、排除したり、出入り禁止にしたりはしない。(57)

第四に、公共住宅地に監視カメラが設置される際、迷惑住民を追い出すために使われることがある。まず、自治体の住宅当局と地元警察が情報共有協定を結ぶ。そして、警察からの情報と、監視カメラからの情報を組み合わせ、この情報を元にして、市当局が住民を契約違反で訴えるのである。また、住宅地の共同区域に設置されている監視カメラの映像は、住民自身がケーブルテレビなどを通じて見ることが可能な場合もある。しかし、とある住宅地では、警察がある住民の部屋に捜索・逮捕に入る数日前から、警察側の動きを住民に察知されまいとしてカメラの管理人が映像の供給を一時停止してしまったことがあったという［McCahill 2002］。

以上で見てきたように、強調すべきは、①官民協力の下、②監視カメラによって市民の特定の部分が「差別」され、社会から「排除」されていくという仕組みである。この「排除」は、それが警察の強制力と組み合わされた時、より苛烈なものになる。ただし、これまでの研究では、警察が排除にきわめて熱心であるといった状況はそれほど報告されていない[58]。しかし、さらに重要なのは、警察だけではなく、警察・自治体・民間の協力の行く末である[59]。現在各地で、自治体・警察・民間の治安維持の仕組みがシステム上・運用上統合される動きが強まっている。具体的には、

・自治体所有の監視カメラシステムの管理室で、警察無線を利用できるところが増えてきている[60]。
・ロンドン・シティ警察の「カメラウォッチ」（第一節［10］「反テロ・公安」の項参照）。
・一般企業が私的に所有している監視カメラで、事業所の敷地外のある部分を撮影するように警察から依頼される［McCahill 2002: 83］[61]。

といった例が挙げられる。

危険な人とそうでない人を事前に選り分けて、危険な人の方を封じこめていく「リスク査定／管理」の発想がますます強くなり、有色人種・麻薬依存者・不法移民などがスケープゴートとして取り上げられ「犯罪者階級」として措定される、といった社会状況の中、監視カメラが「差別・排除・封じ込め」のための道具として使われることはない、などと誰が言えようか。そして、より恐ろしいのは、それは警察だけがやるのではなく、われわれ一般市民の参加が重要な構成要素とされていることなのだ。(62)

4、監視カメラ使用をしばる法的枠組

以上のように、監視カメラはすさまじい広がりを見せているが、それだけ生活の中にもぐりこんでいるからには、それなりのルールというものが必要になってくる。ここでは、二つの法律について見ておこう。

(1) 一九九八年データ保護法（Data Protection Act 1998、以下「DPA1998」と略記）

DPA1998は、データ一般・個人情報一般に関する法規であり、監視カメラに関する直接的な規定があるわけではない。しかし、監視カメラで撮られた映像に移っている人物の身元が特定しうる場合、それはDPA1998上の「個人情報」にあたり、映像の撮影・録画・保存・移転・閲覧などはすべて同法上の「情報処理」にあたる。したがって、DPA1998は

監視カメラに対する法的枠組となりうる［Carey 2000］。さらに、データ保護・情報公開などの問題を統括する「情報コミッショナー」は、二〇〇〇年七月に監視カメラ運用に関する「取扱規定」を発表した［Information Commissioner 2000］。この「取扱規定」もまた、法に準ずるものとして拘束力を持っている。以下に、ＤＰＡ１９９８や「取扱規定」などを参照しながら、監視カメラの管理者がどのような点に注意しなければならないのかを箇条書きにした。

・責任者の明確化・使用目的の明確化

・全ての監視カメラシステムは、その存在を情報コミッショナーに告知しなくてはならない。その義務を怠る場合、刑事罰がある。

・監視カメラのある場所には、設置者氏名・連絡先・設置目的を記した看板を掲げなくてはならない。大きさはＡ３あるいはＡ４。ただし、ＤＰＡ１９９８の二九条に例外事項があり、犯罪の防止・捜査、被疑者の逮捕・起訴などに資する場合は、必ずしも看板を掲げる必要がない。

・使用目的と関係のないものを撮らない（個人の宅地にカメラを向ける等）

・そのシステムが掲げている目的以外への映像使用の禁止（テレビ局に映像を売るなど）

・権限のない人を監視カメラのモニター室に入れない、モニターさせない

・警官などがモニター室を訪問したときは訪問記録を取る。映像を閲覧したときは閲覧記録

を取る。

・データは必要期間以上保存してはならない。例えば、情報コミッショナーが例示した期間として、市街地のシステムの場合（三一日間）・パブ（七日間）・銀行ＡＴＭ（三ヶ月間）など。

・テープの品質を維持するため、テープは一二回以上使用してはならない。

・ある個人（＝「データ主体」）は、自分が撮影されたと信じるに足る理由があるときは、データ統括者（Data Controller）に対して情報開示の請求ができる。

・データ主体は、その個人情報の自動処理によって何らかの決定が下されることがないよう、データ管理者に請求することができる（ＤＰＡ１９９８、一二条）。例えば、後述する顔認証技術における「マッチング」がここでの「自動処理」にあたる。

以上のことからして、市民的自由を守る立場からすると、ＤＰＡ１９９８はかなりの武器になるものと思われる。実際、防犯産業の側からは、同法の施行によって市民からの情報開示請求が増え、カメラの管理業務に支障が出るのではないかとのおそれも表明されていたぐらいだ。[63]また、目的外使用が禁止されていることから、（例えば民間の）監視カメラにたまたま映り込んでいた映像を、法執行機関が反テロなどの目的に使うことには十分な注意が必要だ、との指摘もなされている。[64]

しかし、ＤＰＡ１９９８は、防犯産業にとっての単なる邪魔ものではない。というのも、これらの決まり事をきちんと守ることで、監視カメラの映像が刑事裁判の証拠として採用される率が高くなってくるからだ。最近使われ始めたデジタル監視カメラに関しては、映像の偽造・改変がアナログに比べて容易なため、録画・保存に際してより細心の注意が必要となる(65)。

ところで、ＤＰＡ１９９８はきちんと守られているのだろうか？　この点に関して、インサイト・データ保護社が二〇〇二年一二月に行った調査がある［Sayers 2003］。調査対象は、公共の開放空間・小売店・パブ・デパート・銀行・レストランなど四〇六ヶ所である。その内、監視カメラを設置していたのは、二九三ヶ所であった。この二九三ヶ所の内、驚くべきことに、監視カメラに関する正しい看板を掲げているところはわずか一三・七％（四〇ヶ所）、情報コミッショナーに監視カメラシステムを正しく登録しているところは四七・一％（一三八ヶ所）であった。結局、ＤＰＡ１９９８に従っていると考えられるところは全体の一〇・二％（三〇ヶ所）しか存在しなかった。しかもこれは、「正しい看板」「正しい登録」という多分に外形的な条件のみが問題にされているのであり、実際の運用にまで踏みこんで調査したならば、法の遵守率はさらに低下することは間違いない。監視カメラの設置者の意識とは、現在のところ、かくもお粗末なものなのである。

(2) 一九九八年人権法(Human Rights Act 1998)

この法律は、ヨーロッパ人権条約を国内法化したものである。監視カメラの問題にとって重要なのは、人権法において、プライバシーの権利が初めて法定されたということに尽きる。驚くべきことに、それ以前には、イギリスの憲法・法律体系において、明文上のプライバシー権は存在していなかったのだ。

一九九五年八月、南東部の都市ブレントウッドに住むジェフリー・ペック氏は、大通りで自殺を図った。そして、この様子が大通りに設置されていた監視カメラによって録画された(自殺は結局未遂に終わる。また、自殺をしようとする瞬間そのものの映像はない)。カメラを管理していた市当局は、映像をぼかすとの条件付でその映像のコピーを地元テレビ局に渡し、ニュースで放送された。また、同番組の静止画像が地元新聞に載り、さらに、市当局はBBCに対しても映像を提供した。これも一応ぼかしがかかっていたが、知人にはペック氏だということが知れてしまい、彼は大きな心の痛手を受けることになる。

ペック氏はブレントウッド市当局を訴える決心をする。しかし、結果は敗訴だった(一九九七年一一月、最高法院)。その内容は、プライバシー侵害はあったものの、イギリス法には、一般的なプライバシー権規定がないというものだった。ペック氏はそれでもあきらめず、NGO「リバティ(自由)」の支援を受けて、ヨーロッパ人権裁判所に訴え出る。そして、二〇〇三年一月、ついに勝訴したのである。[66]

この判決は、ヨーロッパ人権裁判所によるものとはいえ、人権法に血肉を与える重要な判決と位置付けてよいだろう。人権法にはさらに、表現の自由、集会および結社の自由といった内容も入っているから、判例法の積み重ね次第では、監視カメラの乱用に対する一定の制約となるものと思われる。

5、デジタル技術と監視カメラ

近年、ビデオテープに録画するタイプの監視カメラを、デジタル監視カメラに取りかえるところが増えてきている。それがデータ保護の観点からどういう意味を持つのかについては前節ですでに述べた。ここでは、新しい技術についていくつか紹介した後、それが、監視社会のゆくえにとってどういう意味合いを持つのかを考えることにしよう。

(1) バイオメトリクス

まずは、「顔認証(facial recognition)」を取り上げる。顔認証とは、事前にデータベース化された人間の顔のデジタル情報と、監視カメラで実際撮られている顔が一致するか否かを判定する技術である。現在イギリスでは、ロンドン・ニューハム区を始めとして三つの自治体が顔認証技術を導入している。ニューハムは最も先進的で、早くも一九九八年一〇月に、公共空間において初めて顔認証システムを採り入れた。当初は成人の元犯罪者の顔情報だけがデータベース化されていたが、二〇〇一年七月には、対象を少年にまで広げた。この、「特別観察・監視プログラム（Intensive Supervision and Surveillance Programme）」では、四回以上罪を犯した少年が対象となり、被監視者の足首（か手首）に巻いて位置を捕捉できる電子タグ、被監視者の声の認証システムなどと組み合わされている。[67] このようにして、繰り返し犯罪に走る人間を徹底的に監視しようというわけである。

このニューハムのシステムは、ビジョニックス社（現・アイデンティックス社）の「フェイス・イット（FaceIt）」という商品を採用している。このシステムにおいては、顔の一致の可能性が八〇％あれば、アラームがなってオペレータに知らせ、実際に警察へ通報するかどうかは、オペレータが肉眼で確認の上で決定することになっている。しかし、現地警察によれば、これまでにコンピュータが「一致（ヒット）」の結果を出したことは一度もないと言う（二〇〇二年六月現在）。それは、システムが機能するためには、事前に顔を五方面から撮影しておかねばならないにもかかわらず、ロンドン警視庁ではまだそこまでやっていないからだという。一方で、システムを開発したビジョニックス社（当時）は、『ガーディアン』紙の取材に対して、ヒットの実例は九三件あるとしており、主張が食い違っている。なお、「ヒット」の詳細につき、ニューハム区当局は回答を拒否した。

顔認証技術は、フーリガンに対してもよく用いられる。実は、ニューハムで顔認証付きの監視カメラが設置されているグリーン通り沿いには、イングランド・プレミアリーグ「ウェストハム」のスタジアムがあり、近くの地下鉄の駅から歩いてくる観客の顔が、監視カメラによってしっかり捉えられているのだ。システム管理者によれば、顔認証技術によって、三二人の既知のフーリガンのうち、一二人の顔を捉えることに成功したという。[68]

とはいえ、今のところその技術力はそれほどでもないようだ。[69]英『ガーディアン』紙の記者が自らの顔をニューハムのシステムに事前に登録してもらい、カメラのあるところを歩き回って見たところ、カメラは彼の顔を捕捉できなかった［Meek 2002］。また、アメリカ・フロリダ州でビジョニックス社（当時）が顔認証の実験を行ったところ、一％の人間が誤って選び出されてしまった。[70]これは一見少ないように思われるが、仮に、一日あたり一〇万人の搭乗客を処理する空港でこの技術を採用したとすると、毎日一〇〇〇人の客のクレームに耐えなければならないということを意味するのだ。

さて、顔認証以外のバイオメトリクスとしては、（第一節の「空港」の項で説明した）「虹彩認証（iris recognition）」、個人に特有の歩き方から身元を判別する「歩き方認証（gait recognition）」など[71]の研究がなされている。

（2）車両ナンバープレート自動読み取り（ANPR＝Automatic Number Plate Recognition）

ANPRは、読んで字のごとく、走行してくる自動車のナンバープレートと事前に登録しておいたデータを照合する技術のことである（浜島氏の文章参照）。

ANPRは、前述したシティ警察の「鉄の輪」の他に、駐車場や、セルフ給油所などで用いられたりする。給油所にANPRを設置するのは、ガソリンの盗難やカード詐欺を防ぐためである。

さらに、①渋滞税計画、②「プロジェクト・レーザー」についてここでは詳しく説明しよう。

①渋滞税（congestion charge）：「渋滞税」とは、特定の時間に特定の区域に入ってくる自動車に対して課される入場料のことである。監視カメラに追加されたANPR機能によって車のナンバーを読み取り、税金逃れをしようとする車両の特定を行う。イギリスにおいて最も早く渋滞税を導入したのは、北東部の都市ダラムである（二〇〇二年一〇月）。しかし、それよりもっと重要なのは、二〇〇三年二月一七日より供用が開始されたロンドンの渋滞税制度である。ロンドン中心部の一定の区域に、月～金曜の七時～一八時三〇分の間に入場する自動車に対して、一律五ポンド（約九五〇円）が課される。入場料は事前に支払うか、当日の二二時までに支払わなければならず、さもなくば八〇ポンドの罰金が課される。区域内の住人は料金が九〇％引きされ、他に障害者・電気自動車の利用者などに対する割引制度がある。

供用開始後、渋滞が二〇％減った、車のスピードがエリア内で一〇％上昇した、などと言われている。[72][73] その一方で、開始後四週間で発行された約一〇万件の罰金通知のうち、三分の一のドライバーから異議申立があり、二二〇〇〇件以上の罰金が結果として取り消されるなど、システムの不備も目立っている。[74] にもかかわらず、リビングストン市長[75]は、早くも課税区域の拡大を検討しており、二〇〇五年までの間に、ロンドン・ヒースロー空港への通行に五ポンドを課す計画も持ち上がっている。[76]

人権擁護の観点からして何より問題だと思われるのは、渋滞税用の監視カメラシステムが、同時にテロ対策にも使われているという点である。[77] これはよく「機能の自動拡大（function creep）」の問題と呼ばれる。ロンドン交通公社の関係者によれば、諜報機関等に情報を受け渡すのは、真の容疑者であるいは既知の犯罪者の場合だけだというが、なし崩し的にこれが拡大していく可能性は否定できない。[78]

写真８：ロンドン渋滞税の区域内であることを示す看板

写真９：「犯罪撲滅のためこの区域で監視カメラが使われることがあります」との看板

［写真はすべて筆者、2003年2月］

②「プロジェクト・レーザー（Project Laser）」とは、二〇〇二年九月からの半年間、九つの警察所管内で行われたANPR実験に付けられた名称である。この監視カメラシステムでは、テロリストや一般刑法犯の運転する車のみならず、交通法規に違反する車――ナンバーの未登録、自動車税の未払いなど――も大々的に取り締まることになっている。それ以前に行われていた実験においても、ANPR付きの監視カメラを担当する警官の逮捕者数は、そうでない場合の一〇倍という結果が出ていたが、「プロジェクト・レーザー」においても、逮捕者数は、警官一人あたり一〇人から一〇八人にまで急上昇したという。[79] 内務省としては、このシステムを全土に広げることにより、水も漏らさぬ態勢を作り上げようとしていることは間違いがない。[80]

さらに、監視カメラとは直接関係がないが、GPS機器をイギリスの全車両に取り付けて、ドライバーに一マイル（一・六キロメートル）あたり三ペンス（約六円）から一・三〇ポンド（約二五〇円）の走行使用料を課す計画が立てられている。二〇〇三年中にリーズで実験が開始されるというが、首相の交通問題顧問は、二〇一〇年までの供用開始はないとしている。[81] イギリスの道路は高速道路も含めて基本的に無料であるから、こうした仕組みには一定の合理性があるやに思われるかもしれないが、ヨーロッパ全体とこのシステムが統合される可能性も取りざたされていることから、「反テロ」の文脈が大きく浮かび上がってくる。[82]

（3）その他の新技術

ここでいくつかの最新技術を簡単に見ておこう。①〜③は映像をモニターする側に関係のある技術であり、④⑤は映像の受け手の側に関係する技術である。

①移動式監視カメラ

「フーリガン」の項でも少し紹介したが、監視カメラには、車両などに搭載して移動できる型のものがある。これは一般的に「モバイル・カメラ（mobile CCTV）」などと呼ばれる。市中の街角に配置して、暴力沙汰や迷惑行為を取り締まることもできるし[83]、少年たちの非行の現場をカメラで押さえて、これを親に見せるといったことも可能だという[84]。

②遠隔モニターと監視の広域化

近年では、費用削減や効率的な監視のために、別々の監視カメラシステムが、モニター室を共有するようになってきた。例えば、二〇〇二年八月に、スコットランドの八つの町のシステムが共通のモニター室から監視されることになったが、最も遠い町どうしは五〇㎞も離れているのである[85]。また、ロンドン・エンフィールド区に二五〇万ポンド（約四億七五〇〇万円）かけて設置されたシステムにおいては、学校・病院・駐車場・レジャーセンター・バス通行帯などに設置されたカメラを監視センターと直結させることが可能だという[86]。

③人間の「動き」予測

画面に移っている人間が次にどのような行動を取るかを予測するソフトの開発が、様々な大学・研究所で盛んに行われている[87]。これにより、犯罪につながる可能性のある動き、自殺をしようとしている人間の動きなどが事前に予測でき、システムが自動的に警告を発してくれるという。

④携帯電話の利用

ここまで「監視カメラ」と呼んできたものは、英語ではＣＣＴＶ（Closed Circuit Television）と言い、これを字義通りに訳すと、「閉回路テレビ」となる。すなわち、カメラで撮られた映像は、一部の人たちだけが見ることができるという意味である。それに対して、ＯＣＴＶ（Open Circuit Television）という言葉があり、これは、カメラの映像を万人が見ることができるということを意味する。その際、映像を受け取る機器として想定されているのが携帯電話で、人々は、道行きながら、これから行こうと思うところが安全かどうか携帯電話の画面で確認する、などということも可能となる。しかし、伝送能力がいまだ低いこともあり、この計画は全面展開するに到っていない(88)。

このように、携帯電話は「受信機」としてはいまだ問題ありなのだが、「発信機」として大きな注目を受けている。イギリスの国防省や警察などは、反テロ・道路交通管理などの目的で、携帯電話を持った人間や車両の位置をリアルタイムで捕捉できるシステムの構築にすでに着手している(89)。

⑤「ｅ‐監視」

「ｅ‐監視」とは、インターネットを通じて、監視カメラの映像を見せることである。学校(90)・

保育園（先述）・自宅[91]などに取り付けられた監視カメラの映像を、職場などの遠隔地からのぞくことができる。

（4）デジタル技術の進展がもたらす意味

デジタル技術は、人種・ジェンダー・階級などといった、人間の様々な属性に対して中立的だとの意見がある。これまでの「差別・排除」のやり方は、警官やカメラのオペレータといった現場の人間の主観をある程度媒介にしており、そこに偏見の入りこむ余地があるが、デジタル技術はそうした差別をしない、というわけだ。しかし、この考え方は誤っている。

デジタル技術が広範に用いられるようになると、誰を社会から排除するかの決定は、ソフトのプログラミング段階で行われることになる。したがって、そこでどんな差別的判断が行われていようが、一般市民の介在・抵抗の余地はなくなる。要は、差別の決定が一部の専門家の知識に委ねられ、差別の場が閉鎖空間に移動するだけなのだ。さらに、もう一つの問題がある。

バイオメトリクスやANPR技術で「あやしい」人間・車両をはじき出す場合、前科があるとか、不法入国歴があるとか、税金が未払いであるとかいった過去の情報を基準とする他はない。この基準に当てはまるか否かの判定を行う際には、判定者の偏見を元にした恣意の入りこむ余地は確かに存在せず、一見中立的であるかに思われる。しかし、実は、ある特定の人種・性・階層などの中に、そうした基準に適合する人間が数多く含まれている場合、意図せざる結果として、その特定の人種等に対する差別的措置になってしまうのだ。なぜある人種・階層の人々はより犯罪に走らねばならないのか、なぜある特定の国の人々はより不法入国を試みる率が高いのか、といった社会構造全体の問題は、デジタル技術を扱う人間にとっては関係のないことである。ただ機械の判断に基づいて日々の業務をこなせばよい。しかし、こうした問題を捨象したままデジタル技術に訴えることになれば、知らず知らずのうちに差別をしているといった事態がありえるのだ。

6、おわりに

ここまで見てきたように、監視カメラは、デジタル・アナログを問わず、差別・排除のためのメカニズムとして働きうるのであって、われわれが説明されているような「市民の安全」や「人権の擁護」に必ずしも資するものでないということが示せたと思う。そもそもの出発点からして、それは経済的インフラだったのだ。その文脈を離れても、監視カメラは「強者による弱者支配・封じ込めのための道具」という側面が強く、そのことをよく知らないまま、市民がカメラの存在を正当化してしまっているというのが現状だろう。

しかし、こうした動きに対する多少の抵抗も存在する。いくつか箇条書きしておこう。

・イングランド中部の都市ノッティンガムで、荒廃した住宅地にカメラが設置されて一ヶ月

の間に、地元の若者によってカメラが破壊される（一九九四年）[Fay 1998: 320]
・メーデーの参加者が監視カメラを引きずり下ろす(92)
・スピードカメラの破壊が全国で頻繁に起こる(93)
・スピードカメラや渋滞税に抵抗する「イギリスドライバー協会（The Association of British Drivers）」「監視に反対する運転者の会（Motorists Against Detection）」といった団体の存在
・監視カメラに毛布をかけるという抵抗 [Davies 1998]
・クリスマスに監視カメラの写真を撮って回るというキャンペーン（北米の事例）(94)
・二〇〇一年九月七日――「九・一一」事件の四日前である――には、世界七ヶ国で、監視カメラに抗議するパフォーマンス(95)

これらの運動が大きく組織化されるためには、「別に悪いことはやっていないんだから、監視カメラで見られたってかまわない」という一般の人々の考え方を打破する必要がある。しかし、そのために、「放っておいてもらう権利」としての「プライバシー権」を持ち出してもあまり意味はない。なぜなら、多くの人は、「安全」と「プライバシー」を両天秤にかけたうえで、監視カメラによってもたらされる（と言われている）「安全」の方を選択しているからだ。(96)ただし、「プライバシー権」に「自己の情報をコントロールする権利」という意味合いが加わってくると、監視カメラへの多少の抵抗が出てくる。しかし、それでもまだ不十分だろう。「安全」のために、自分の個人情報を売り渡すことをいとわない人も少なからずいるからだ。

したがって、われわれの行うべきは、「プライバシー」「自由」といったような、「安全」以外の価値観を対置することによって監視カメラの存在を批判することでは必ずしもない。むしろ、監視カメラは必ずしも「安全」を守ってくれはしないし、あなたの考えているような、監視の対象となる「悪いこと」の境界線はあなたが知らないうちに移動させられることがありますよ、あなたも知らないうちに「危険人物」の方に入れられていることがありますよ、という事実を指摘していくことではないか。人々は、こういうことを知って初めて、実は自分にも守るべき「プライバシー」があった、行使すべき「自由」があった、ということに気づくであろう。イギリスの見てきた現実が、日本でも再現しないことを願うばかりである。

注

（1）紙幅の関係から、職場などの「私的」な空間の監視カメラについては取り上げることができなかった。例えば、McCahill and Norris (1999)、McCahill (2002: cp.5) および以下の記事を参照のこと。'Beware secret cameras in the loo,' *The Guardian*, 11 Mar 2003. また、アメリカの事例だが、Lane (2003) も参考になる。

（2）http://www.securitypark.co.uk/article.asp?articleid=1753

（3）また、学校への放火と、それに対処するための監視カメラについて、以下を参照。<http://www.securitypark.co.uk/article.asp?articleid=1521>

（4）http://www.securitypark.co.uk/article.asp?articleid=20897

（5）'Big parents watching you,' *BBC News*, 26 Feb 2002, <http://news.bbc.co.uk/1/hi/england/1841728.stm>
（6）'Classroom CCTV alarms teachers,' *The Guardian*, 24 Feb 2003
（7）http://www.securitypark.co.uk/article.asp?articleid=21005
（8）http://www.securitypark.co.uk/article.asp?articleid=575, http://www.securitypark.co.uk/article.asp?articleid=595
（9）'Go-Ahead to install CCTV on bus fleet,' *The Independent*, 8 Sep 2001
（10）'School bus CCTV to stay,' *BBC News*, 16 Dec 2002, <http://news.bbc.co.uk/1/hi/england/2579025.stm>
（11）http://www.securitypark.co.uk/article.asp?articleid=1846
（12）http://www.securedcarparks.com/も参照のこと。
（13）'Speed camera at accident black spot is blown up,' *The Daily Telegraph*, 8 Feb 2003
（14）'More speed cameras for Britain,' *BBC News*, 11 Feb 2003, <http://news.bbc.co.uk/2/hi/uk_news/2747607.stm>
（15）'Speed cameras to be yellow,' *The Guardian*, 4 Dec 2001
（16）'Speed camera plan "may cause deaths",' *BBC News*, 9 May 2002, <http://news.bbc.co.uk/1/hi/health/1976907.stm>
（17）'Speed camera policy challenge,' *BBC News*, 20 Mar 2003, <http://news.bbc.co.uk/2/hi/uk_news/2866455.stm>
（18）'Review of "covert" speed cameras,' *The Guardian*, 23 Jul 2001
（19）'The Gatso revolution,' *The Daily Telegraph*, 8 Sep 2001; 'Speed cameras "can cause accidents",' *BBC News*, 23 Aug 2002, <http://news.bbc.co.uk/2/hi/uk_news/england/2212479.stm>
（20）'All eyes are on SPECS,' *The Daily Telegraph*, 16 Jun 2001
（21）'Speed camera drivers to be captured on film,' *The Daily Telegraph*, 3 Feb 2003
（22）'Dawn of speed cameras that never forget a face,' *The Daily Telegraph*, 31 Jan 2002
（23）このような他（多）目的利用の例として、二〇〇二年八月に起こったホリーちゃん・ジェシカちゃん誘拐殺人事件の捜査における、スピードカメラの画像利用が挙げられる（'Missing girls: new lead as police hunt car,' *The Guardian*, 13 Aug 2002)。

（24）'Londoners "back speed cameras",' *BBC News*, 4 Nov 2002, <http://news.bbc.co.uk/2/hi/uk_news/england/2394465.stm>

（25）'Letwin says targets force police to chase easy cases and ignore crime,' *The Guardian*, 7 May 2003

（26）'High rise hi-tech,' *The Guardian*, 31 Oct 2002

（27）「フーリガン」と「車」を意味する「バン（van）」という単語を掛け合わせて、「フーリバン」と呼ばれる。

（28）'Celtic disown rioters in green and white,' *The Observer*, 3 Jun 2001. ここで、「テロや政治的暴力の称揚」といっているのは、特にアイルランド共和軍（ＩＲＡ）を賛美するものである。アイルランド・スコットランド・ウェールズには、「ケルト」的なものに対する深い思い入れを持つ人々が少なくない。

（29）http://www.cityoflondon.police.uk/community_support/partnership.htm

（30）http://www.cityoflondon.police.uk/crime/anr.htm

（31）http://www.securitypark.co.uk/article.asp?articleid=1541

（32）虹彩（瞳孔を取り巻く部分）のパターンが個人に固有であることを利用した身元の確認方法。虹彩を機械で読み取り、あらかじめ登録された虹彩のデータと一致するかを判定する。

（33）'Nationalists attack north Belfast police,' *The Guardian*, 26 Jun 2002

（34）'CCTV cameras damaged,' *BBC News*, 11 Jul 2002, <http://news.bbc.co.uk/1/hi/northern_ireland/2121723.stm>

（35）'Loyalists knock down camera,' *BBC News*, 20 Mar 2003, <http://news.bbc.co.uk/1/hi/northern_ireland/2867479.stm>

（36）また、保守党政権は、監視カメラを設置する際に、自治体に対して設置の許可を求める必要があるとの（都市計画に関する）規則を廃止する（一九九五年）ことによっても、カメラ設置を促進した。

(37) なぜ内務省・労働党が方針を転換したのか、あるいは、計画継続の意図をマイケル副大臣が知らなかっただけなのかは今回確かめることができなかった。しかし、筆者は、保守党政権が始めた計画を一旦振り出しに戻して、労働党のものとして、国民の前に提示することが必要だと考えたためではないかと推測している。つまり、単なる政治「戦術」の問題である。

(38) ここであらかじめ、監視カメラを増やす「供給」側の要因を述べておこう。それは、冷戦終了により販路を失った軍需産業が、同じく精密な技術を必要とする「セキュリティ産業」に活路を見出したということである［Norris and Armstrong 1999: 32-3］。本文でこれから説明するのは、カメラの「需要」側の要因であり、こちらの方が国ごとの差をよりよく説明しうる。

(39) ウィリアムズとジョンストンは、監視カメラに関する政府補助金の存在は警察が教えてくれることが多い、という他の当局関係者の証言を紹介している［Williams and Johnstone 2000: 196］。同じく、工業地域への監視カメラ設置の売りこみを図る警察の姿について、MaCahill (2002: 42-3) を見よ。しかし、これらの事実をもって、警察が全てリードしてみるというのは早計である。むしろ私は、より広い政治的・経済的力学を重視している。

(40) Coleman and Sim (1998, 2000) が紹介している、リバプールの事例をみよ。

(41) Fyfe and Bannister (1996, 1998) が紹介している、グラスゴーの事例を見よ。

(42) http://www.securitypark.co.uk/article.asp?articleid=594

(43) 八〇年代には、地方議会を労働党が支配しているところが多かった。

(44) '£50m plan for street wardens unveiled,' *The Guardian*, 1 Aug 2001も参照。

(45) しかし、厳密な調査によれば、監視カメラによって犯罪への恐れが減るというのは、必ずしも事実ではない。グラスゴーにおいて行われた、監視カメラへの住民の意識調査では、監視カメラは、すでに安全だと感じている者に対してはより安心感を与えるが、不安を感じている者に対して安心感を与える程度は低い、としている［Ditton 2000］。また、Brown (1998) によれば、歓楽街などを歩く女性が恐れているのは、男性の粗野な振る舞いや言葉でのいやがらせ、じろじろ見られることなどであり、こうした行動への恐れは、監視カメラを設置することによっては解消されないという。さらに、Nelson (1997) も参照のこと。

(46) 例えば以下の記事は、隣の区域が監視カメラを設置したために、麻薬常習者が自分たちの区域に流れてくるようになった、というある地域の住民の不満を紹介している。'CCTV blamed for drug users' move,' *BBC News*, 8 Jul 2002, <http://news.bbc.co.uk/2/hi/uk_news/england/2116261.stm>

(47) 相互不信ということに関して、一つの事例を挙げておこう。ケンブリッジのあるホームレス・センターの管理人が、ホームレスによる麻薬密売を見逃していたという理由で逮捕された。それ以来、そのセンターは、開放的な運営形態を改め、監視カメラを設置することを余儀なくされる。職員はできるだけ来所者を歓迎したいとの気持ちを持っているが、一方で（麻薬密売見逃しにより）逮捕される可能性を気にして、ホームレスに対してオープンに接することができない。このように、監視カメラ設置を通じて、職員と来所者の関係は疑心暗鬼に満ちたものになってしまったのである（'Case that left homeless out in the cold,' *The Guardian*, 28 Nov 2000）。この事例から明らかになることは、「監視カメラはプライバシーを侵害する」という立論がいかに不十分なものかということだ。確かに、この場合、ホームレスのプライバシーは侵害されているが、それにも増して重要なのは、人間関係が破壊されてしまったということなのである。これは、カメラで見られる側のホームレスと、カメラで見られない側の管理人の双方にとって不幸なことだ。

(48) サッチャー政権以降のイギリス政治について日本語で読めるものとして、梅川（一九九七、二〇〇〇）、小笠原（一九九三）、小林（一九八九）、ギャンブル（一九九〇）などを参照。

(49) 似たようなことは、二〇〇二年一一月から監視カメラの導入を決めた川崎駅周辺の商店街の事例にも見られる。ここでは、カメラ導入が、川崎駅構内のホームレスの排除（=町の美化にとってマイナス）とセットになっているのである。

(50) 中には、デパートの入口の外で募金活動をしていた人が、商売の邪魔になるとしてその場から排除されるといったケースまであった［Turton 2001: 35］。

(51) ただし、ここで挙げたケースは実際の法律違反ではないため、警察が出動したり、ましてや逮捕に到る率はそう高くないという［Norris and Armstrong 1999: 168］。

(52) 'Town centre ban for violent criminals,' *BBC News*, 18 Mar 2002, <http://news.bbc.co.uk/2/hi/uk_news/wales/1879483.stm>

(53) 'Police crackdown on city beggars,' *BBC News*, 15 Oct. 2002, <http://news.bbc.co.uk/1/hi/england/2330471.stm>

(54) 'West end success,' *The Daily Telegraph*, 13 Jan 2003

(55) 先に述べたように、これを、主に男性のオペレータの個別的な逸脱行動（＝「好み」の問題）とみなすこともできる。しかし、すでに社会の中にあるジェンダー秩序の現れとしてこうした行動があると見るならば、より構造的な問題だとも言える。

(56) 'Mean streets,' *The Guardian*, 16 Sep 2002

(57) しかし、仮に女性・子供に対する保護の役割を監視カメラが果たしていたとしても、そのことが監視カメラの存在を正当化しうるかは疑わしい。というのも、女性・子供などの弱者に対する加害は、身内からのもの、家庭内でのものがそもそも圧倒的に多いからである。

(58) ウェールズの小さな町の監視カメラについて研究をしたウィリアムズらは、むしろ、警察は夜のモニタリングには不熱心だったと報告している［Williams and Johnstone 2000］。

(59) McCahill (2002) の本の題名は、その名も『監視の網の目（surveillance web）』である。すなわち彼は、警察と民間が協力しつつ、監視カメラ網が形成されていく様を描写している。また、Haggerty and Ericson (2000) も参照のこと。

(60) http://www.securitypark.co.uk/article.asp?articleid=1322. こうした協力をさらに強化するために、防犯産業は、監視カメラのオペレータの専門性を高めるべく努力している（例えば、オペレータの資格制度導入が検討されている）。これまでのオペレータの仕事は、モニターを見つめるだけという単純なものであることが多く、賃金を低く抑えるために、障害者など社会経済的な地位が低い人々が雇用されているケースがほとんどだった（'Remploy returns to growth path,' *The Guardian*, 17 Sep 2002）。また、多くのオペレータはシステム運用上の知識・技術に欠いているため、システムがアラーム等を発したときに適切な対処ができないことも多かった［McCahill 2002: 84-89］。しかし、こうした流れは、オペレータが「プロ化」するにつれて逆転する公算が強い。他に、http://www.securitypark.co.uk/article.asp?articleid=1486, http://www.securitypark.co.uk/article.asp?articleid=1487 を見よ。

(61) これに関して、日本のコンビニエンス・ストア「セブン・イレブン」の事例を強く想起してほしい。

(62) このように、官民協力の上で、日常生活の中から犯罪を減らしていこうという考え方を、「(地域) 生活安全」(community safety) といい、イギリスでは特に一九八〇年代後半以降この考え方が強まった。日本においても、一九九四年には警察の中に「生活安全局」が新設された。

(63) http://www.securitypark.co.uk/article.asp?articleid=996, http://www.securitypark.co.uk/article.asp?articleid=1133

(64) http://www.securitypark.co.uk/article.asp?articleid=21040

(65) http://www.securitypark.co.uk/article.asp?articleid=998, http://www.securitypark.co.uk/article.asp?articleid=1283 一方で、映像そのものの質は、劣化しないデジタルの方がアナログより優れている。とある裁判官は、これまでの監視カメラの映像は、裁判の証拠としては全く使い物にならないことが多いと述べている（'Judge calls radio phone-in to say CCTV is useless waste of money,' *The Daily Telegraph*, 27 Feb 2003）。さらに、刑事裁判における、監視カメラ映像の証拠能力につき、Murphy (1999)も参照のこと。

(66) 'Still life: for your eyes only,' *The Guardian*, 14 Sep 2002; 'Suicide bid on CCTV may herald new privacy law,'

The Guardian, 29 Jan 2003

（67）'Town centres keep tabs on young offenders,' *The Guardian*, 17 Jul 2001　システムが稼動し始めてからさっそく一四才の元暴走族の少年に適用された。

（68）http://www.securitypark.co.uk/article.asp?articleid=1799

（69）'If the face fits, you're nicked,' *The Independent*, 1 Apr 2002

（70）'Face checking software fails airports,' *The Independent*, 29 May 2002

（71）http://www.securitypark.co.uk/article.asp?articleid=971

（72）'Congestion enforcers may be clamped,' *The Guardian*, 8 Apr 2003

（73）'Congestion charge speeds up traffic but burdens tube,' *The Guardian*, 17 May 2003

（74）'22,000 congestion charge fines revoked,' *The Independent*, 5 Apr 2003

（75）リビングストン市長は、この渋滞税計画により、イギリスのＮＧＯ「プライバシー・インターナショナル」から、「二〇〇三年イギリス・ビッグブラザー賞」の中の「最悪公務員賞」を受賞した。リビングストン氏は、ロンドン地下鉄の民営化に抵抗したり、先のイラク攻撃に反対するなど、基本的に左派の政治家であるのだが、その政治思想を統一的に把握するのがなかなか難しい人物である。

（76）'Mayor plans kiss and fly charge,' *The Guardian*, 10 Apr 2003

（77）'Security role for traffic cameras,' *The Observer*, 9 Feb 2003　またすでに、ロンドンの交通用のカメラ（ロンドン警視庁が運用）との各区が運用しているカメラのシステム統合が始まっている（http://www.securitypark.co.uk/article.asp?articleid=1581）。

（78）ロンドンの試みに対して世界中の都市が注目しているが、東京（都？）からも職員が視察に訪れたという。

（79）'Number plate scan increases arrests,' BBC News, 23 Apr 2003, <http://news.bbc.co.uk/1/hi/uk/2969159.stm>

（80）また、ケント州警察による、その名も「役立たず者撲滅作戦（Operation Scallywag）」というANPR実験では、麻薬犯・不法移民・無免許ドライバーなどを逮捕したという。
< http://www.securitypark.co.uk/article.asp?articleid=20630>

（81）‘£1.30 a mile tolls next for drivers,’ *The Guardian*, 23 Feb 2003

（82）ヨーロッパのレベル、さらには米欧協力も含めた「反テロ」の動きについては、バンヤン（二〇〇三）を参照のこと。また、監視カメラという問題に限ってみても、例えば、ある少女の誘拐事件に関して、監視カメラの映像解析を米連邦調査局（ＦＢＩ）に依頼するといった形での国際協力が行われたことがある。
‘FBI to enhance possible video footage of Milly,’ *The Guardian*, 13 Jul 2002

（83）http://www.securitypark.co.uk/article.asp?articleid=20951

（84）‘Police vans fitted with mobile CCTV,’ *BBC News*, 11 Apr 2003,
<http://news.bbc.co.uk/1/hi/england/wiltshire/2940189.stm>

（85）‘CCTV scheme is “Europe’s biggest”,’ *BBC News*, 8 Aug 2002,
<http://news.bbc.co.uk/1/hi/scotland/2180779.stm>

（86）‘On guard: eyes that never close,’ *The Guardian*, 11 Nov 2002

（87）‘Surveillance cameras to predict behaviour,’ *BBC News*, 1 May 2002,
<http://news.bbc.co.uk/1/hi/sci/tech/1953770.stm>; *The Observer*, 22 Jul 2001; *The Guardian*, 1 Aug 2001; *The Independent*, 21 Apr 2002

（88）http://www.securitypark.co.uk/article.asp?articleid=975

（89）‘How mobile phones let spies see our every move,’ *The Observer*, 13 Oct 2002

（90）http://www.securitypark.co.uk/article.asp?articleid=1147

（91）http://www.securitypark.co.uk/article.asp?articleid=1497

(92) 'Violence erupts in central London,' *The Guardian* (*electric version*), 1 May 2001

(93) 'Most-feared speed camera damaged,' *BBC News*, 6 Dec 2002, <http://news.bbc.co.uk/2/hi/uk_news/england/2550083.stm>; 'Speed camera destroyed by bomb,' *BBC News*, 2 Feb 2003, <http://news.bbc.co.uk/2/hi/uk_news/england/2726571.stm>

(94) http://www.hotwired.co.jp/news/news/20021206205.html

(95) http://www.hotwired.co.jp/news/news/culture/story/20010912204.html

(96) イングランド南部の町ソールズベリでは、犯罪被害にあうことへの不安感から、町内を歩いているときに自治体所有の監視カメラに自分の姿を追跡してもらうというサービスがある。「プライバシー」を自ら放棄した典型例である。<http://www.securitypark.co.uk/article.asp?articleid=601>

参考文献

梅川正美（一九九七）『新保守主義と戦後体制（サッチャーと英国政治1）』（成文堂）
（二〇〇一）『戦後体制の崩壊（サッチャーと英国政治2）』（成文堂）
小笠原欣幸（一九九三）『衰退国家の政治経済学』（勁草書房）
小林丈児（一九八九）『現代イギリス政治研究：福祉国家と新保守主義』（中央大学出版会）
バンヤン、トニー（二〇〇三）「自由・民主主義との闘い：ヨーロッパの市民的自由と民主主義的文化への影響の分析（山口響訳）」『ピープルズ・プラン』二一号
Armstrong, Gary and Richard Giulianotti (1998) 'From another angle: Police surveillance and football supporters,' in Norris, Moran and Armstrong (ed.) (1998)
Bannister, Jon, Nicholas R. Fyfe and Ade Kearns (1998) 'Closed circuit television and the city,' in Norris, Moran and

Armstrong (ed.) (1998)

Brown, Sheila (1998) 'What's the problem, girls? CCTV and the gendering of public safety,' in Norris, Moran and Armstrong (ed.) (1998)

Carey, Peter (2000) *Data protection in the UK* (London; Blackstone Press)

Coleman, Roy and Joe Sim (1998) 'From the Dockyards to the Disney Store: Surveillance, risk and security in Liverpool city centre,' *International Review of Law Computers & Technology*, 12 (1): 27-45

—— (2000) ' "You'll never walk alone": CCTV surveillance, order and neo-liberal rule in Liverpool city center,' *British Journal of Sociology*, 51 (4): 623-39

Davies, Simon (1996) *Big brother* (London; Pan Books)

—— (1998) 'CCTV: A new battleground for privacy,' in Norris, Moran and Armstrong (ed.) (1998)

Ditton, Jason (2000) 'Crime and the city: Public attitudes towards open-street CCTV in Glasgow,' *British Journal of Criminology*, 40: 692-709

Farrington, David P. and Brandon C. Welsh (2002) *Effects of improved street lighting on crime: a systematic review*, Home Office Research Study 251, Home Office Research, Development and Statistics Directorate

Fay, Stephen J. (1998) 'Tough on crime, tough on civil liberties: Some negative aspects of Britain's wholesale adoption of CCTV surveillance during the 1990s,' *International Review of Law Computers & Technology*, 12 (2): 315-347

Fyfe, Nicholas R., and Jon Bannister (1996) 'City watching: Closed circuit television surveillance in public space,' *Area*, 28 (1): 37-46

—— (1998) ' "The eyes upon the street": Closed-circuit television surveillance and the city,' in N. Fyfe (ed.), *Images of the street* (London; Routledge)

Gamble, Andrew (1994) *Free economy and strong state 2nd ed.* (Basingstoke; Macmillan) （アンドリュー・ギャンブ

ル『自由経済と強い国家：サッチャリズムの政治学（小笠原欣幸訳）』（みすず書房、一九九〇年）

Graham, Stephen (1998) ‘Spaces of surveillant simulation: new technologies, digital representatives, and material geographies,’ *Environment and Planning D: Society and Space*, 16 (4): 483-504

—— (1998) ‘Towards the fifth utility? On the extension and normalisation of public CCTV,’ in Norris, Moran and Armstrong (ed.) (1998)

—— (1999) ‘The eyes have it: CCTV as the “fifth utility”,’ *Town and Country Planning*, 68 (10): 312-4

Haggerty, Kevin D. and Richard V. Ericson (2000) ‘The surveillant assemblage,’ *British Journal of Sociology*, 51 (4): 605-22

Home Offece (2002) *Entitlement cards and identity fraud: A consultation paper*, Cm 5557

Information Commissioner (2000) *CCTV: Code of Practice*

Lane, Frederick S. (2003) *The naked employee: How technology is compromising workplace privacy* (New York; AMACOM)

McCahill, Michael (2002) *The surveillance web* (Cullompton; Willan Publishing)

McCahall, Michael and Clive Norris (1999) ‘Watching the workers, crime, CCTV and the workplace,’ in Pamera Davies, Peter Francis, and Victor Jupp (ed.), *Invisible crimes* (London; Macmillan)

Meek, James (2002) ‘Robo cop’, *The Guardian*, 13 June

Murphy, Thomas (1999) ‘The admissibility of CCTV evidence in criminal proceedings,’ *International Review of Law Computers & Technology*, 13 (3): 383-404

NACRO (National Association for the Care and Resettlement of Offenders) (2002) *To CCTV or not to CCTV?* <http://www.nacro.org.uk/data/briefings/nacro-2002062800-csps.pdf>

Neibourhood Renewal Unit (2002a) *New Deal for Communities annual review 2000/01*

—— (2002b) *Neighbourhood Renewal Fund: Analysis and assessment of Statements of Use 2001/2002*

—— (2002c) *Neighbourhood and Street Wardens' programme annual review 2000-2001*

—— (2003) *New Deal for Communities annual review 2001/02*

Nelson, Amanda (1997) 'Public perceptions of the electronic eye,' *Town and Country Planning* 66 (7): 196-7

Norris, Clive (2003) 'From personal to digital: CCTV, the panopticon, and the technological mediation of suspicion and social control,' in David Lyon (ed.) *Surveillance as social sorting: Privacy, risk and digital discrimination* (London; Routledge)

Norris, Clive and Gary Armstrong (1999) *The maximum surveillance society* (Oxford; Berg)

Norris, Clive, Jade Moran and Gary Armstrong (ed.) (1998), *Surveillance, closed circuit television and social control* (Aldershot; Ashgate)

Parker, John (2000) *Total surveillance* (London; Piatkus)

Reeve, Alan (1998) 'The panopticisation of shopping : CCTV and leisure consumption,' in Norris, Moran and Armstrong (ed.) (1998)

Sayers, Owen (2003) *CCTV system compliance under the Data Protection Act 1998: A second study*, Insight Data Protection Ltd <http://www.insightdp.co.uk/idpweb.nsf/cctvstudy2.pdf>

Scarman Centre National CCTV Evaluation Team (2003) *National evaluation of CCTV: Early findings on scheme implementation— effective practice guide*, Home Office Statistical Bulletin 5/03, <http://www.crimereduction.gov.uk/cctvminisite4c.pdf>

Short, Emma and Jason Ditton (1998) 'Seen and now heard: Talking to the targets of open street CCTV,' *British Journal of Criminology*, 38 (3): 404-28

Smith, David G., Mick Gregson and James Morgan (2003) *Between the lines: an evaluation of the Secured Car Park*

Award Scheme, Home Office Research Study 266, Home Office Research, Development and Statistics Directorate

Turton, Claire (2001) *An investigation into the operation of CCTV control rooms*, Manchester Sociology Working Papers No.25

Welsh, Brandon C. and David P. Farrington (2002) *Crime prevention effects of closed circuit television: a systematic review*, Home Office Research Study 252, Home Office Research, Development and Statistics Directorate

Williams, Katherine S. and Craig Johnstone (2000) 'The politics of selective gaze: Closed circuit television and the policing of public space,' *Crime, Law & Social Change*, 34: 183-210

監視カメラをめぐる法律問題

山下　幸夫

はじめに

法的根拠が曖昧なまま、気が付けば、日本中至るところに監視カメラが設けられている世の中になっている。そこで、本稿では、写真撮影やビデオ撮影に関する裁判例や学説の動向を概観し、それを踏まえて、監視カメラが法的にどのように位置付けられ、果たして許容されるのか否かについて検討することにしたい。

写真・ビデオ撮影に関する裁判例の動向

かつて、デモ行進が許可条件違反になるとして行われた写真撮影に対する妨害行為が公務執行妨害罪になるかどうかが争われた京都府学連デモ事件につき、最高裁一九六九年一二月二四日大法廷判決（刑集二三巻一二号一六二五一頁）は、「憲法一三条は……国民の私生活上の自由が、警察権等の国家権力の行使に対しても保護されるべきことを規定しているものということができる。そして、個人の私生活上の自由の一つとして、何人も、その承諾なしに、みだりにその容ぼう・姿態（以下「容ぼう等」という。）を撮影されない自由を有するものというべきである。これを肖像権と称するかどうかは別として、少なくとも、警察官が、正当な理由もないのに、個人の容ぼう等を撮影することは、憲法一三条の趣旨に反し、許されないものといわなければならない。」と述べて、原則として容ぼう等の写真撮影は許されないという原則を述べた後、「現に犯罪が行なわれもしくは行なわれたのち間がないと認められる場合であって、しかも証拠保全の必要性および緊急性がありかつその撮影が一般的に許容される限度をこえない相当な方法をもつて行なわれるとき」には裁判官の令状がなくても、警察官による個人の容ぼう等の撮影が許容され、憲法一三条、三五条に違反しないとの判断を示している。

この最高裁大法廷判決は、捜査手法としての写真撮影についてのリーディングケースとなっている。

次に、速度違反車両の自動撮影を行う自動速度監視装置による運転者の容ぼうの写真撮影が争われた事案につき、最高裁判所一九八六年二月一四日第二小法廷判決（刑集四〇巻一号四八頁）は、「現に犯罪が行われている場合になされ、犯罪の性質、態様からいって緊急に証拠保全をする必要性があり、その方法も一般的に許容される限度を超えない相当なものであるから、憲法一三条に違反せず、また、右写真撮影の際、運転者の近くにいるため除外できない状況にある同乗者の容ぼうを撮影することになつても、憲法一三条、二一条に違反しない」ことは前記最高裁大法廷判決に徴して明らかとし、「本件装置による速度違反車両の取締りは、所論のごとく、不当な差別をもたらし、違反者の防禦権を侵害しあるいは囮捜査に類似する不合理な捜査方法とは認められない」と判断している。

また、下級審における裁判例には、山谷地区派出所前歩道上の電柱の地上約八メートルの高さに円筒型テレビカメラ一台を設置し、これを同派出所内事務室から遠隔操作して山谷通りの状況をほぼ全周視界で俯瞰的に撮影し、同事務室内のモニター用カラー受像器にその画像を映し出すようにし、山谷争議団と暴力団の衝突事件が起きた以後は、その画像をビデオ装置で録画することにしていたが、その過程で山谷争議団によるデモの状況や警察車両の赤色回転燈や窓ガラスを損壊する状況を撮影・録画し、器物損壊罪で起訴したという事案につき、東京高裁一九八八年四月一日判決（判例タイムズ六八一号二二八頁）は、「当該現場において犯罪が発生する相当高度の蓋然性が認められる場合であり、あらかじめ証拠保全の手段、方法をとっておく必要性及び緊急性があり、かつ、その撮影、録画が社会通念に照らして相当と認められる方法でもって行われるときには、現に犯罪が行われる時点以前から犯罪の発生が予測される場所を継続的、自動的に撮影、録画することも許される」との判断を示している。

大阪府警察（西成警察署）が、大阪市西成区の日雇労働者が多く居住する通称「あいりん地区」において、同地区の街頭防犯用の目的のためとして、一五か所の交差点等の高所にテレビカメラ（合計一五台）を設置し、西成警察署等においてモニターテレビに映像を映し出すなどして使用しているところ、同地区に居住又は勤務し、あるいは同地区において労働組合活動やボランティア活動等を行っている原告らが、このようなテレビカメラの撤去と慰謝料等を請求した釜ヶ崎監視カメラ事件につき、大阪地裁一九九四年四月二七日判決（判例時報一五一五号一一六頁）は、「公道においても、通常は、偶然かつ一過性の視線にさらされるだけであり、特別の事情もないのに、継続的に監視されたり、尾行されることを予測して行動しているものではないのであって、その意味で、人は一歩外に出るとすべてのプライバシーを放棄したと考えるのは相当でない。同じく公共の場所とはいっても、例えば病院や政治団体や宗教団体など人の属性・生活活動に係わる特殊な意味あいを持つ場所の状況をことさら監視したり、相当多数のテレビカメラによって人の生活領域の相当広い範囲を継続的かつ子細に監視するなどのことがあれば、監視対象者の行動形態、趣味・嗜好、精神や肉体の病気、交友関係、思想・信条等を把握できないとも限らず、監視対象者のプライバシーを侵害するおそれがあるばかりかこれと表裏の問題として、かかる監視の対象にされているかもしれないという不安を与えること自体によってその行動等を萎縮させ、思想の自由・表現の自由その他憲法の保障する諸権利の享受を事実上困難にする懸念の生ずることも否定できない。」などと述べて、一部の原告との関係でテレビカメラの撤去を命じ、損害賠償を認容している（その後、大阪高裁一九九六年五月一四日判決は控訴棄却、最高裁一九九八年一一月一二日判決は上告を棄却して、この判決が確定している）。

さらに、道路上を自動車で走行した際、日本全国の道路上に設置、管理している自動車ナンバー自動読み取りシステム（いわゆる「Nシステム」という）について、東京地裁二〇〇一年二月六日判決（判例時報一七四八号一四四頁）は、「Nシステム端末のテレビカメラによって、走行車両の搭乗者の容ぼう等を撮影し、その撮影された画像が記録、保存されているとすれば、これは、憲法一三条の趣旨に反することになる余地があることはいうまでもない」という一般論を述べつつ、「Nシステム端末のテレビカメラによって一時的に走行車両の搭乗者の容ぼう等が撮影されるとしても、撮影された画像は、時にコンピュータ処理によって走行車両のナンバープレートの文字データとして抽出され、容ぼう等が写っている画像そのものが記録、保存されることはない。右のようなNシステムの仕組みを前提とすれは、走行車両の搭乗者の容ぼう等が写っている画像そのものを人間が視覚的に認識することはできないから、Nシステム端末によって、承諾なしに、みだりにその容ぼう等を撮影されない自由が侵害されるものとは認められない。」、また、「そもそも自動車の所有者は、道路運送車両法によって、車両ナンバープレート（自動車登録番号標）を取り付けることが義務付けられており（同法一一条）、公道を自動車が走行する際には、常にナンバープレートが外部から容易に認識し得る状態となっているのであるから、走行車両のナンバー及びそのナンバーの車両が公道上の特定の地点を一定方向に向けて通過したとの情報は、警察等の公権力に対して秘匿されるべき情報とはいえない。したがって、これは原告ら主張のように自動車運行者が公権力によって把握されないようにコントロールできる情報であるとは解されず、また、警察がこの情報を取得、保有、利用しても直ちに個人の私生活上の自由を侵害するものとは解されない」などと判断して、原告らの請求を棄却している（その後、東京高裁は控訴を棄却し、上告中である）。

写真撮影に関する学説の動向

学説においては、主として写真撮影をめぐって、それが任意処分か強制処分かについて争いがある（松代剛枝「写真撮影」松尾浩也・井上正仁編『刑事訴訟法の争点〔第三版〕』有斐閣七六頁）。

それは、刑事訴訟法一九七条一項但書が「強制の処分は、この法律に特別の定のある場合でなければ、これをすることができない。」と規定して、いわゆる強制処分法定主義を定め、強制処分であればそれを許容する明文の法律がなければ認められないと考えられているからである。

この問題については、まず、写真撮影を任意処分であると解する見解がある。これは、強制処分とは被処分者に強制を加えることという伝統的な見解を前提としており、写真撮影は形式的には強制ではないことを前提としている。

その代表的な見解は、「元来、写真は、現認したところを正確かつ機械的に保存するものにしかすぎず、法的に問題になるのは、現認することが、適法にできたか否かなのである。捜査官が、適法に見ることができ、適法に記憶できるものなら、写真撮影が特に相手方に大きな損害を与えるものでない以上、適法というべきであり、その意味で、捜査官が、写真撮影をしたことが、目的の上で正当であり、単に記憶するだけでなく、証拠として正確に保全することが必要であり、撮影手段が、特に相手に大きな負担を与えない相当のものであるかという観点から、許容されるかどうかを決するべきである。」と述べている（河上和雄「写真撮影」同編『刑事裁判実務体系11・犯罪捜査』青林書院一五六頁）。

次に、写真撮影は、現行法上の「検証」の一種であるとして、逮捕に伴う現場での無令状検証を認める刑事訴訟法二二〇条一項二号を類推して、逮捕できる要件が実質的に備わっていれば、無令状で写真撮影ができるとする見解がある。代表的な見解は、「刑訴二二〇条二項《ママ》は逮捕の現場で令状なしに検証できるとしています。それに準ずる状況のある場合には、写真撮影することが許されると解しうるように思われます。現実に逮捕がなくても写真撮影できるのは、写真撮影が比較的侵害度が弱く他面証拠を正確に保全するという特殊性に求めることができるでしょう。」と述べている（光藤景皎『口述刑事訴訟法（上）〔第二版〕』成文堂一六八頁）。

さらに、原則的な立場を表明する見解として、写真撮影は強制処分であり、現行法に許容する規定が存在しないから認められないとする見解がある。代表的な見解は、「個人情報を収集する場合の写真撮影や盗聴等、少なくとも、科学技術的な補助手段を利用して捜査機関が本人の同意なしに個人情報を収集する活動は、個人が無防備のまま公的機関の単なる客体の地位に貶められ、自己の情報の流れに積極的にアクセスするという主体的な行動をとる機会が認められず、結局、個人の人格的主体性の喪失という危険が生ずることに対処する必要上、これを一律に強制処分として議会の制定する法律による事前の統制に委ねることが、基準の明確性という観点からも妥当であろう。」と述べている（福井厚『刑事訴訟法講義〔第二版〕』法律文化社八九頁以下。その他、この見解に立つ学説として、三井誠『刑事手続法（一）〔第二版〕』有斐閣一一四頁、渡辺修『捜査と防御』三省堂二一頁等がある）。

そこで、以下、これまで概観した裁判例と学説の動向を踏まえて、監視カメラの法的な許容性について検討してみたい。

犯罪予防目的の行政警察権の行使との関係

監視カメラは、現に発生した犯罪に対処するためのものではなく、将来発生する可能性のある犯罪に対処するために予め設置するという性格を有している。そこで、そもそも、未だ発生していない「犯罪」に対する捜査が認められるかという問題が存する。

従来、「捜査は、犯罪が発生していることが前提となる。その意味で、犯罪が発生しようとしているため、それを予防ないし制止しようとする行為……は、警察官の行為であっても、司法警察職員として司法警察権を行使するものではなく、行政警察権の行使にしか過ぎず、従って捜査ではない。」（藤永幸治ほか編『大コンメンタール刑事訴訟法・第三巻』青林書院八頁）とする見解が通説であった。

ところが、いわゆる盗聴法（犯罪捜査のための通信傍受に関する法律）の制定の頃から、捜査は将来発生する可能性のある犯罪についても可能であるという見解が有力に主張されるようになっている（この議論の経過を紹介するものとして、大野正博『現代型捜査とその規制』成文堂二〇〇一頁以下参照）。

もっとも、将来発生する可能性のある「犯罪」に対する捜査は一切認めないという立場をとるからと言って、監視カメラの設置が許されないと帰結される訳ではない。

ただ、その場合、釜ヶ崎監視カメラ事件についての大阪地裁判決が、「犯罪予防の段階は、一般に公共の安全を害するおそれも比較的小さく、録画する必要性も少ないのであって、このような場合に無限定に録画を許したのでは、右自由を保障した趣旨を没却するものであって、特段の事情のない限り、犯罪予防目的での録画は許されないというべきである。そして、犯罪予防目的をもって本件テレビカメラを利用している本件において、被告に原告らの容ぼう・姿態をビデオ録画することを許すべき特段の事情は認められない。したがって、これらの行為が行われれば原告らの肖像権を侵害したものとして違法とされるべきことは言うまでもない。」（但し、同判決は、それを認める証拠がないとしてこの部分についての請求を棄却している）と判断していることがそのまま妥当し、街頭を歩行している市民の容ぼう等を無条件に撮影することは許されないことになると考えられる。

公衆に顔を晒すことと肖像権等の放棄との関係

公道や歩道上の電柱や、街頭の監視カメラについては、その被写体となる市民の容ぼうや姿態については、公衆に晒している以上、プライバシーを主張する合理的期待は認められないから許されるという見解がありうる。

ただ、デモ行進や示威行動については、従来から、「集団の力や思想を外部に訴えるためのものであるから、その目的に合致する限りにおいては、参加者たちは写真やビデオの撮影を了承しているとみなされる。しかし、それ以外の目的の撮影までも了承しているわけではないことは明らかであり、肖像権の放棄があるとしても、『集団としての意思を表現するという限度において』……である」とか（村井敏邦「犯罪の発生が予測される現場に設置されたテレビカメラによる犯罪状況の撮影録画が適法とされた事例」判例評論三六〇号六六二頁（判例時報一一九四号二二四頁））、「集団的表現行動には顔のいんぺい作用とでもいうべきものがあるから、各個人を特定できるような顔写真の撮影は許されないであろう。」と指摘されてきた（田宮裕編著『刑事訴訟法Ⅰ』有斐閣一四四頁）。

したがって、容ぼうや姿態を公衆に晒しているからというだけの理由で、全ての肖像権を放棄していると考えることはできないと言わなければならない。

このことは、釜ヶ崎監視カメラ事件についての大阪地裁判決が、「道路や公園などの公開された場所では、居宅内などの閉鎖空間における無防備な状態とは異なり、誰に見られるかもわからない状態に身を委ねることを前提として、人はその状況に応じて振る舞うなど、自ら発信すべき情報をコントロールできるから、その意味では、その存在自体を見られることにより影響されるプライバシーは縮小されているといえる。しかし、公道においても、通常は、偶然かつ一過性の視線にさらされるだけであり、特別の事情もないのに、継続的に監視されたり、尾行されることを予測して行動しているものではないのであって、その意味で、人は一歩外に出るとすべてのプライバシーを放棄したと考えるのは相当でない。」と判断しているのは、まさに正当であると評価できる。

監視カメラの技術的な特性から認められる機能

先に述べた写真撮影を任意処分であるとする見解は、捜査官が見たり記憶できることと写真撮影することを同一視している。

しかしながら、この点については、東京高裁一九九三年四月一四日判決（判例タイムズ八五九号一六〇頁）が、捜索差押え時における写真撮影が違法であるとして提起された国家賠償請求事件について、「住居の内部の状況や所持品等の情報を単に記憶にとどめることと、これを写真撮影することとは、やはり質的に異なるものというべきである。また、捜索差押の過程において、捜査機関が、捜索に必要な限度において、差し押さえるべき物とされている物以外の物を見ること及びこれを記憶にとどめること……が禁止されていないことを理由に、写真撮影も実質的にこれらの行為と差異がないとして…捜索差押の際に見ることができる物の写真撮影はすべて違法ではないというのは、本末を転倒した議論である。」と厳しく判断しているように、写真撮影されて記録として定着されるということは、捜査官が自分の肉眼で見たり記憶することとは質的に異なっており、両者を同一視することは許されないと言わなければならない。

すなわち、監視カメラは、捜査官の肉眼と異なる機能を有している。具体的には、遠隔操作可能な隠しカメラによる捜査官の視線の存在を悟らせないという「秘匿視機能」、望遠レンズや光増幅器との一体化により捜査官の視覚を増幅する「増幅視機能」、そして、人の固有の身体的特徴等を正確に記録する「精密記録機能」の三つの機能である（松代剛枝「捜査における人の写真撮影――アメリカ法を中心として――」『光藤景皎先生古稀祝賀論文集・上巻』成文堂一一一頁以下）。

監視カメラが有するこの三つの機能から見て、監視カメラによる捜査は、捜査官の肉眼による捜査とは質的に異なるのである。

そして、現在においては、人の顔認証技術が飛躍的に進歩していることから、この「精密記録機能」が、大量の肖像写真等の蓄積・照合によって、公道や街頭を通行している市民の動向を刻々と捕捉し識別することを技術的に可能にするに至っている。

監視カメラが撮影した映像等を蓄積・照合して利用するようになれば、市民の生活は、完全に国家権力の監視下に置かれることになり、その場合の市民のプライバシー侵害の程度は深刻となる。

このことは、Nシステムに関する東京地裁判決が、「このような車両を用いた移動に関する情報が大量かつ緊密に集積されると、車両の運転者である個人の行動等を一定程度推認する手がかりとなり得ることは否定できない。また、仮に、Nシステムの端末が道路上の至る所に張りめぐらされ、そこから得られる大量の情報が集積、保存されるような事態が生じれば、運転者の行動や私生活の内容を相当程度詳細に推測し得る情報となり、原告らの主張するような国民の行動に対する監視の問題すら生じ得る」と判断しているとおりである。

したがって、監視カメラについては、それによって撮影された大量の肖像写真等の蓄積・照合が行われるシステムとなることは、国家権力による市民の日常的監視になるから、そのようなことは許されないと解さなければならない。

私人や商店街が設置した監視カメラ

ところで、現在では、コンビニの店内や銀行のキャッシュディスペンサーのコーナーや商店街に監視カメラが設置されているのは日常的風景となっている。

このように、私人が設置した監視カメラについては、そのカメラが存在し撮影されていることが入場者に分かる形で設置されていれば、来店者・来場者は、その監視カメラによる撮影に同意していると考えて良いだろう。

もっとも、例えば、その監視カメラが警察に直結しているような場合には、実質的には警察による監視カメラと見るべきであり、そのような場合に、来店者・来場者の承諾があると見ることはできないと言わなければならない。

次に、商店街が設置・運営主体となって街頭に監視カメラを設置する場合を同様に考えることができるかどうかについては難しい問題がある。

この点につき、「コミュニティ・セキュリティ・カメラは、商店街が主たる運用主体であり、そうである限り、問題はない。警察の利用についても、商店街の協議等により、警察に証拠として渡したほうがよいと考えられるものについては、渡してよい。警察が運用主体となったとしても、もはや、それも、問題はないというべきであろう。」とする見解が現れている（香川喜八朗「写真撮影の適法性とコミュニティ・セキュリティ・カメラ」森下忠ほか編『日本刑事法の理論と展望・下巻――佐藤司先生古稀祝賀』信山社八一頁）。

この問題についても、商店街と警察との関係性を厳しく精査する必要がある。警察や保安協会等の指導の下に、商店街が街頭に監視カメラを設置し、そのカメラで撮影した映像等が直ちに警察等に提供される仕組みになっているような場合には、やはり、前述したように、実質的には警察が設置した監視カメラと同様に考えなければならない。

そして、今後は警察が商店街等が監視カメラを設置するような形を取って、警察による監視カメラではない形式を偽装する傾向を強めるおそれがある。その意味でも、あくまでも商店街と警察との関係の実質を見抜かなければならない。

最後に

写真撮影についての裁判例や議論は存するが、監視カメラ問題については裁判例もなく、まだまだ議論が深められていないという印象を受ける。そのような中で、商店街が設置主体となる監視カメラが全国的に普及する中で、市民からは、警察など国家権力による監視という側面がますます見えにくくなっている。

このような中で、監視カメラ問題に歯止めをかけるためには、現場で反対の声をあげるとともに、監視カメラの撤去を求める裁判闘争を全国各地で展開していく必要がある。

もっとも、警察庁は、Nシステムを始めとする各種の監視カメラによって獲得した情報を、具体的にどのように処理し蓄積しているかについて、その詳細を明らかにしていない。そのような警察庁の秘密主義が、市民による裁判闘争の大きな壁となっている。

したがって、今後は、国会における国政調査権等の活用も含め、警察庁による監視カメラの運用実態やそこから得られたプライバシー情報の管理・蓄積の実態を明らかにすることが必要であり、それを開示させる運動が求められていると言える。拙稿がそのための多少なりとも参考となれば幸いである。

（二〇〇三年六月一〇日記）

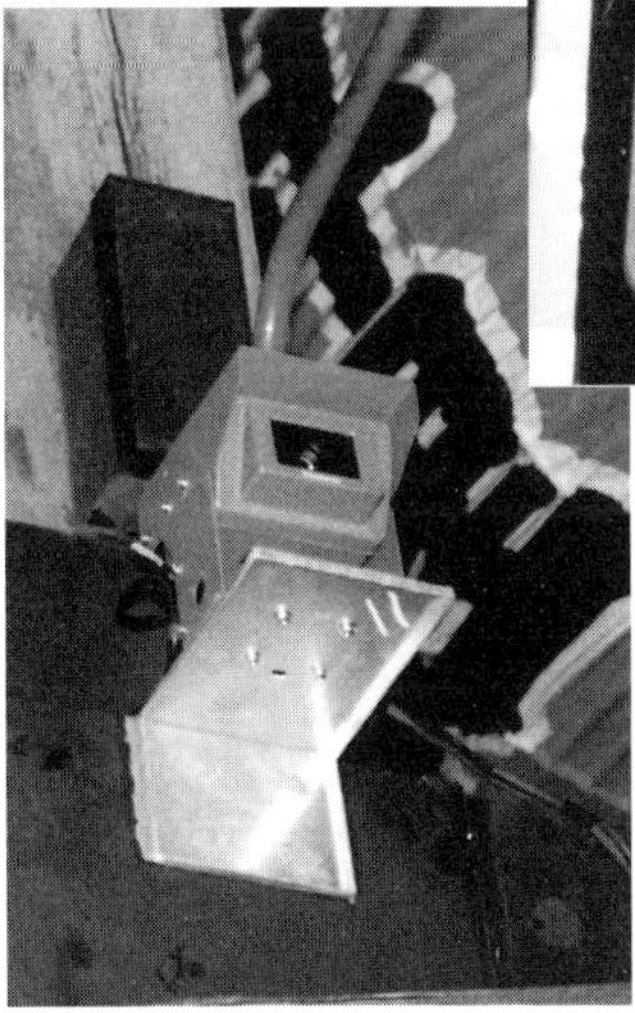

写真上・歌舞伎町にある監視カメラの表示
写真左・歌舞伎町の固定式カメラ

（撮影・吉村英二）

Nシステム―4桁（プラスα）ナンバーで国民監視

浜島　望

「監視社会」がほぼ完成した段階のイメージは、すでにいろいろ語られていて、それは言うまでもなく〝恐怖〟以外の何ものでもない。

しかし実際には、そこに向う道筋や速度がいろいろなので何となくフィクションのような受けとり方をしてしまう人びとも多いように思われる。また監視する側は意識的にそのような操作をしている（ユデ蛙の手法？）だろう。

「監視」の象徴のようなわが国の「監視カメラ」について振り返ってみると、撮影される側に異和感などが拡がるようになるのはやはりビデオカメラ技術が発展してきた一九六〇年代だったと思われる。警察等公共機関だけでなく金融機関や大企業、商店会などまで広くビデオ（CCTV）による監視を採用し始めたのだ。なかでも、公権力が公共空間特に道路で〝交通管理〟のため或いは〝防犯〟のためと称してカメラを多用してきたのが、わが国の特徴かもしれない。自動的監視・記録は交通取締りの世界で一九七〇年代に入り公然と行われ始めたのだが、この時は大騒ぎとなった（「オービス裁判」（一九七七〜一九八〇）として有名）。いわゆる「オービスⅢ」というアメリカ生まれの〃無人カメラ〃が路傍に設置され、すべてのクルマの速度を自動的に測定して違反車両については即撮影した。違反者は後日呼び出され罰金ということになる。初期のオービスはスチール撮影だったが、一九九一年からはビデオ撮影タイプの機器も出現し大増殖している（Hシステム：高速走行抑止システム）。この発想はその後の「Nシステム」につながる。

〃防犯カメラ〃システムが警察によって長期大がかりに使用されるようになった例としては「大阪あいりん地区（通称釜ヶ崎）」が有名で、住民により撤去訴訟が起された（一九九〇年〜一九九八年）。この裁判は住民側が一部勝訴している。釜ヶ崎のカメラは一九六六年から一九八三年まで事件が起るたびに増設されて一五基に及んだ。西成署は各カメラを長年にわたり自在に操作しモニターし、住民の生活・行動は裸にされていたのである。そして二〇〇一年度の「歌舞伎町」へとつながることになった。

現在、警察の直接関与していない監視カメラにも人権上問題があると思われるものは多いが、「民事」的な性格であるとして、なかなか厳しく制限されないようだ。また公共交通機関の構内などのように「安全」のためとして大幅にカメラが認められている場合もある（改札口などの行きすぎた監視カメラについては、実は警察がやっているという例もある。高速道の料金所にも公団のカメラ以外に警察の監視カメラのある場合が多い）。

「あいりん地区」の〝防犯〟カメラも、何年もの間住民の警察権力への抗議が続いたあげく裁判に至っているし、「オービス」の場合もドライバーの「肖像権」侵害などとの闘いとして裁判に至った。権力はこの間、極力国民の間に知られないよう努めたり〝カメラのお手柄〟の事件の方を吹聴してきている。そして、そろそろ蛙がユデ上るのではないか、と横目で見ている（?）時期が現在だと思われる。

「Nシステム」という、特色ある監視カメラのことに入ろう。

1、Nシステムのアウトライン

「Nシステム」とは「自動車ナンバー自動読取りシステム」のコードネーム。警察庁が一九八一年に自動車犯罪等の激増に対処しようと開発を始め、一九八六年から実栈化し全国配備にこぎつけた強力プロジェクトの産物である。路上を跨いだ支柱の上にビデオカメラ、赤外線ストロボなどを備えた撮影部を各車線に一組取りつけ、下を通過する全車両のフロント部を撮影する。このとき撮影したナンバープレートの画像をコンピュータで一秒以内に解析し読みとった文字・数字をデータとして県警本部などの専用コンピュータに伝送する。ここにはあらかじめ全国からの「手配車両のナンバー（文字も）」がファイルされており、路上端末から伝送されるデータと照合する。両方のナンバーが一致すると〝Nヒット〟と称し、その路上端末の付近の警察機関（署・交番・パトカー等）に通報して検挙・捜査を促す（警報表示）。

N端末には多くのタイプがあるが、いずれもヒット後数秒以内には警報表示される。N端末のバリエーションは外形上一〇種類以上あって時と共に仕様が変化・改良されたことが窺えるが、警察・メーカーの異常なまでの秘匿によって詳細は不明、という「特色」がある。

また、このシステムの大まかなしくみや働きは一九八六年ごろ、ある程度公開されたが、以後の変化は殆ど明らかにされていない。僅かにこのシステムの管轄が警察庁刑事局であり、各端末からのデータはまず県警本部を経て隣接県警本部や警察庁に送られ、全国ネットワークであ

写真１：オービス（自動速度取締り装置）の一種（広島）

写真２：Tシステムの一種（大阪）

写真３：ボイスシステム（交通監視指導システム）（熊本）

ることなど、分っている。

このシステムの開発・生産に直接関与しているメーカーはＮＥＣ、松下通信工業、三菱電機の三社。窓口は（財）日本交通管理技術協会である。ちなみに「交通取締り機器」や「交通信号機」「交通情報（測定・提供）板」などの中には見かけ上Ｎシステム端末と紛らわしいものも多く、メーカーも上記三社とダブる場合がある。オービス（写真1）や「Ｔシステム（旅行時間測定・提供システム）」（写真2）が特にＮと紛らわしいようだ。なお自動式でなく警官がモニターするタイプの交通監視カメラは交差点などにごく普通に見られる（ボイスシステム（写真3）が代表的）。

2、Ｎシステムの変遷

Ｎシステムを時系列に沿って見てみると、第Ⅰ期と目されるのは一九八六年度から一九九二年度あたりまで。この間は少くとも目立った仕様変更はなされなかった。今でもそのころ設置された端末の大部分は東京都内中心（写真4）と高速道（写真5）に残っている（約一〇〇か所）が、いずれもアーチ形の支柱の「はり」部分の上に一車線当り一個の大型直方体のキャビネットが載っていて、これまた大きなストロボ用の正方形窓と共に特徴的だ。毎年度警察庁が国に予算請求し、第Ⅰ期には毎年一〇か所前後のＮ端末が設置された。高速道二〇か所ほどの他、一般道では東京・千葉・大阪に集中して約七〇か所。合計しても現在の東京都より少ないくらいだった。価格は一か所当り平均一億円とされていた。

第Ⅱ期に入って、仕様が大きく変更される。まず巨大だったキャビネットだが、ストロボ部とカメラ部を分離し、はり部の上に横に並べた（写真6）。キャビネットの数は型式により四～三個で、それぞれが小型化した。Nが太陽をバックにした時など各キャビネット上面からの強い反射があって非常に目立つ。Nシステムなど知らないドライバーもギョッとさせられたものだ。

もう一つ大きく変ったのは、撮像部ポールとは別体の「車両感知器」を省いた（ように見え

写真4：Nシステム端末（'92年ごろまで生産のもの）※手前は車両検出器（都内板橋区）

写真5：高速道用Nシステム端末（'92年ごろまで）（中央道・山梨）

写真6：オウム事件の頃から目立つようになった4連のN端末システム（東名・神奈川）

た）ことだ。この「車両感知器」は撮像部ポールの手前一五メートルほどの路傍に立つポールの上から路面へ向けて常時「赤外線」または「マイクロ波」を放射していた。その下を車両が通ってこれを反射するのを受け、車両の存在・位置・速度を瞬時に測る。「撮影」のタイミングをカメラ・ストロボに指示するためだ。その「車両感知器」がなくなったように見えたのだが、実は撮影部ポールの方に集結したのである。つまりカメラ・ストロボをそれぞれ納めた小型のキャビネットが並んだ脇に、接近車両の有無やその速度を判断するための別のカメラ（画像センサー）を加えたのだ。初期のものはコンピュータの性能上撮像カメラを2個使い、その両脇にストロボと画像センサーを並べたから、合計四キャビネットだった。オウム事件前後にいちばん増えたタイプがこの四連モノであったため、ドライバーの注意をひき〝Nシステム〟の名称と存在感もこの時期に一挙にメジャーになった（？）。数年後には撮像カメラは一個で済むのも現れたが、照明ムラを少くするためストロボをカメラの両脇に置き、しかも後に述べるような常時明滅させるタイプにした。

続いて一九九七年度には（第Ⅲ期？）また仕様変更がなされる。先の三メーカーがこのとき、撮像端末各部に若干の特色を持たせたものを製造したが、共通点は赤外線投光部とカメラ部をそれぞれ一キャビネットに納めたことだった。（写真7、8、9）

このとき、照明法上大きな二つの流れがハッキリできた。一つは松下通工高速道用端末の〝ストロボ一発方式〟（この意味では従来型）で撮影（一回撮像とは限らないが）するタイプ。

他は常時照明タイプで、車両の接近や速度に関係なく三〇ヘルツ（ＮＥＣ、松下通工の一般道用）または一五ヘルツ（三菱電機）の赤外投光をくり返しているもの。これは当然ビデオ（動画）撮影を行うためだ。また路面の照明範囲が進行方向に一〇メートル程度もあるので、一台の車両の前端部がこの範囲に入ってから抜け出すまでに少くとも数回は撮影されるはずだ。ナンバーだけ撮すにはこんな照明方式はいらない、と考えるのが常識であろう。つまり実は運転者などについての情報をも得ているのではないか（肖像権侵害）、と疑われるわけだ。といって

写真７：'97年改良のＮ端末（ＮＥＣ）
（R248・愛知）

写真８：'97年改良のＮ端末（三菱電機）
（R6・福島）

写真９：'97年改良のＮ端末（松下通工）
（播担道・兵庫）

も松下通工高速道用端末の一発照明ならその疑いはないかというとそうでもない。そのストロボが強力かつ広範囲に及び運転席もまる見えだからだ。なお、これらのことは私たちが「赤外線フィルタなしのビデオ撮影」を多数回行った結果、判明したものである。

そして、二〇〇二年度には警察庁は〝高度化したN端末一基〟をどこかに設置して実地テスト中であり、また二〇〇三年度分「新規設置端末」はゼロ、としている。つまり、一九九七年度から五年にして、Nシステムは大変革のときを迎えたようなのだ。理由として同庁が一部公開したのは伏字だらけの文書だが、「犯罪捜査を効率的に行う」ためには路上設備の形状が大きくて目立つから　秘匿性　その他の向上をはかる、との趣旨は読み取れる。伏字部分の一部はナンバープレートがらみ（視認性など？）のようだ。この高度化分一式だけで約一億八〇〇〇万円を計上している。また二〇〇三年度分としては、端末の「高速道タイプ」一〇式を更新するための六億五三〇〇万円がNシステム関連予算要求のすべて。

3、「変革期」を迎えたNシステム

それでは、とりあえず現在N端末数はあまり増えていないのか、というとそんなことはないのである。私の調査では、少くとも二〇〇一年度で約六〇か所、二〇〇二年度で約四〇か所も純正型（？）N端末があらたに見つかっている。この間（発見までのタイムラグもみて二〇〇〇年度から二〇〇二年度）警察庁は三〇か所分の予算しか計上していないことを考えると、明

表1　年度別Nシステム端末数累計（警察庁）

整備年度	累計	備考
昭和61（1986）年度	3	
昭和62（1987）年度	19	赤報隊事件
昭和63（1988）年度	39	
平成1（1989）年度	63	昭和天皇大葬警備
平成2（1990）年度	72	
平成3（1991）年度	79	ハイテク交通管理本格開始
平成4（1992）年度	88	(第5次五ヶ年計画)
平成5（1993）年度	120	
平成6（1994）年度	130	
平成7（1995）年度	338	オウム事件
平成8（1996）年度	378	
平成9（1997）年度	408	新ガイドライン
平成10（1998）年度	473	
平成11（1999）年度	535	不審船追跡
平成12（2000）年度	540	沖縄サミット
平成13（2001）年度	550	
平成14（2002）年度	562	

らかに別会計の端末が実在するのだ。それは主として（？）県警予算による設置分で、国家予算分の端末と外見上全く区別できないのである。最近では国家予算分端末は、表1のように明らかにされているので、私の数え上げた数（表2参照）とのギャップは約二五〇か所に及ぶことが分る。

しかし、問題はこの種端末だけではない。外見上は若干の違いがあるけれども、N端末と同程度の機能を有し、同じように運用されているものと容易に推察できる「端末」が、県単位でいくつも存在するのだ。県によって異なる形状を有するが、共通なのはカメラの他に照明装置を持ち、「支柱」部分が簡素（？）化されていたり全く省かれていて他のポール類にパラサイトよろしく付着していたりすることだ。秋田、群馬、千

表2　N端末の地方別分布（2003年6月）

管区（警察庁）	行政区（都道府県）	N端末（個所）総数	N端末（個所）高速道のもの
20	1）北海道	20	4
	2）青　森	9	2
東北	3）岩　手	8	3
	4）宮　城	11	1
	5）秋　田	9	1
56	6）山　形	7	1
	7）福　島	12	3
105	8）東　京	105	10
	9）茨　城	18	3
	10）栃　木	15	3
	11）群　馬	17	3
関東	12）埼　玉	34	8
	13）千　葉	46	11
	14）神奈川	32	8
214	15）新　潟	12	4
	16）山　梨	9	3
	17）長　野	16	4
	18）静　岡	15	2
	19）富　山	8	1
中部	20）石　川	14	3
	21）福　井	8	1
	22）岐　阜	11	2
89	23）愛　知	40	10
	24）三　重	8	2
（小計）		484	93
	25）滋　賀	14	3
近畿	26）京　都	15	1
	27）大　阪	53	12
	28）兵　庫	29	10
135	29）奈　良	14	4
	30）和歌山	10	1
	31）鳥　取	5	1
中国	32）島　根	7	1
	33）岡　山	10	6
50	34）広　島	17	7
	35）山　口	11	2
四国	36）徳　島	7	1
	37）香　川	12	2
34	38）愛　媛	8	2
	39）高　知	7	1
	40）福　岡	31	11
	41）佐　賀	10	2
九州	42）長　崎	8	2
	43）熊　本	9	2
	44）大　分	13	3
99	45）宮　崎	8	2
	46）鹿児島	7	2
	47）沖　縄	13	1
（小計）		318	79
合計		802	172

葉、埼玉、神奈川、石川、愛知、岡山などで見かける（写真10〜11）。これらは多目的で運用されているものが多いと考えられ、捜査のほかにTシステムや道路交通監視の役割も課せられているかもしれない。

このような状況は、経済的であろうけれどもある意味大変危険なことだ。収集した情報が事実上どのように使われるか分からない点が、警察庁Nに比べても、より不安だ。ある県でこの新型システムについて情報公開請求した結果、やはり全く

「回答できない」ということだった。裏を返せば〃Nシステムと同様のものだから……〃と読みとれる訳だが、はっきりNとも認めない。これら正体不詳のシステムの路上端末の数は先に挙げた県の多くで、一〇か所程度またはそれ以上見かけるから、やはり放置してはおかれまい。各地の有志が自治体に対して、例えば財政上の公開を求めるなど何らかのクサビを打ち込んで行くべき、と考えている。

写真10：岡山県警タイプの簡易N端末（'01年度）

写真11：石川県警タイプの簡易N端末（'02年度）

4、Nシステムの運用目的

前記のように開発され全国に展開してきたNシステムとその端末だが、この一五年間、いったいどのように運用されどんな成果を上げてきたのだろうか。

Nシステムのごく初期の目的は（今でもタテマエは変っていないが）「自動車を用いた犯罪の捜査」、「犯罪に用いられやすい盗難車両の捜査」というものであった。

　ハイテクを駆使し、当初から毎年一〇億円前後の国家予算を喰って増殖したのであるから、その成果の程はPRしたいはずだろうと思うのだが、これが殆ど発表されなかった。実際警察庁の統計を調べてみても、グラフAのように「盗難車両の捜査」にNが役立って来なかったことは余りにも明白だった。重要刑事事件の解決に役立ったという発表も稀で、それもあるときは実はTシステムのお手柄だったり、ナンバーの目撃者がいたという幸運があったりしたものばかり。つまりNヒット即検挙などという訳には行かなかったようだ。それはN端末は「発見」しても「検挙」はしてくれない、「目」にすぎなかったから当然だった。捜査上はもともと犯人の足どりの裏をとる役割のツールにすぎなかったのである。

　しかし、一か所平均一億円（初期）もかけたN端末には、チャンと別の役割が与えられていた。公安

.自動車盗事件とN端末設置累計（1981～2000年）

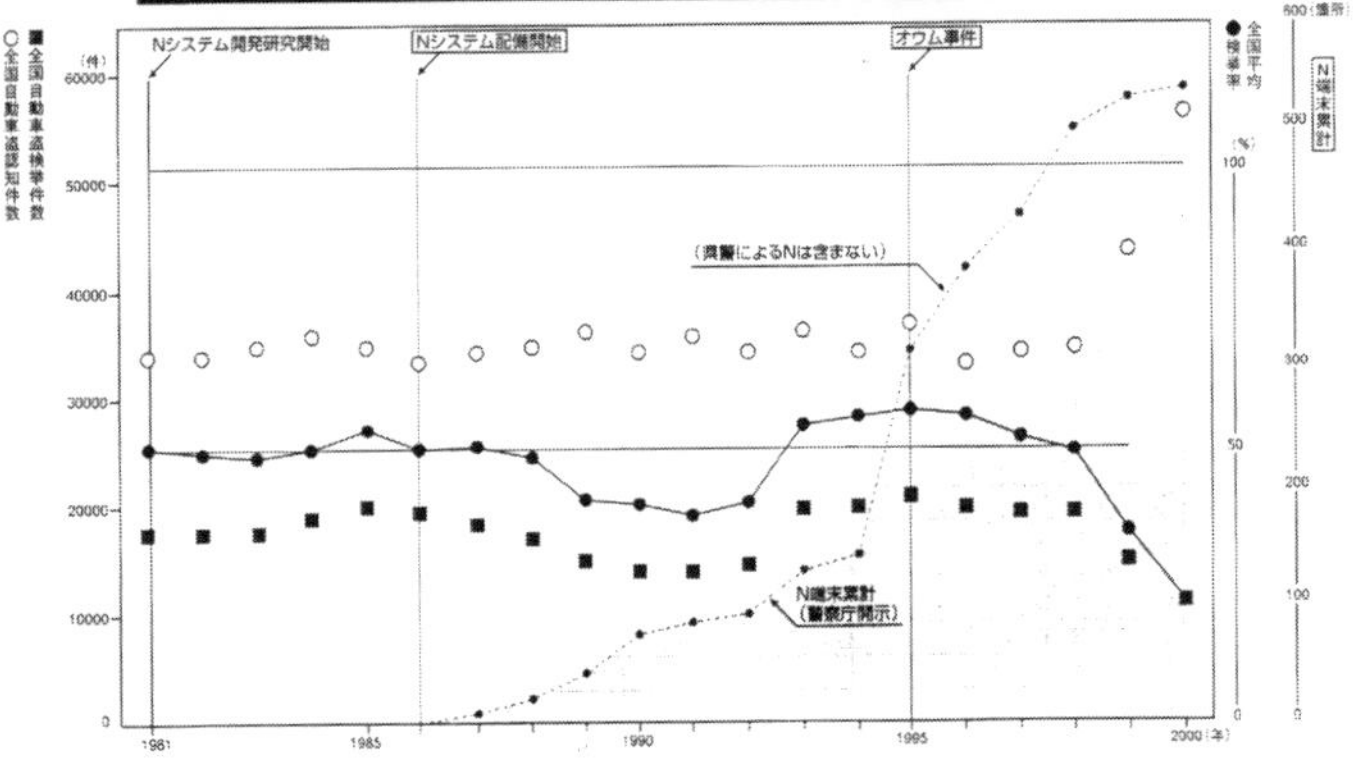

的調査である。つまり「情報収集」――どんなナンバーの車がいつどこからどこへ移動したか、などを常時調べていることによって、マークした人物や団体の動静をアブリ出したり、特異な動きをした車をピックアップしたり、その地域の公安上の情勢を判断するのだ。

特にオウム事件（一九九五年）前後から、このような運用が主流となった。捜査から「監視」へと主な目的も運用もハッキリと移ったのだ。

5、Nシステム運用の実態

Nシステム運用の実態は、もちろん警察の口から語られることはない。しかし今はN端末の存在はその気さえあれば殆ど確認できる。そしてそれらを数多く観察したり記録することによって、運用の実態も浮かび上ってくることが多い。実例を上げてみよう。

〈東京・大阪〉

先に述べた第I期のN端末の中には、幹線道路の県境付近で「上り線」と「下り線」それぞれ一方向に対応するような端末が見られる。東京では「蔵前橋通り」、「産業道路R131」、「中原街道」、「R246（玉川通り）」、「葛西橋通り」、「R122（北本通り）」などがそれである。（これらのうちいくつかは端末だけ新型のものと交換）。大阪でも「R1」、「R2」、「和泉南線」などに見られる。

これらはいずれも、各端末の先に警察機関があって、やる気になれば〝Nヒット〟の車両を検挙できるような位置関係にある。しかし、第Ⅱ期の端末では、このような配置は少くなり、即検挙は諦めた事が分る。そしてもちろん第Ⅱ期以降も端末はどんどん増設され東京や大阪では膨和状態に近くなっているにも拘らず、自動車盗難事件の検挙率は常に全国最低を競っている。つまり、Ｎは明々白々、「警備公安用」となってしまっているのである。

〈沖縄〉

一九九五年度―オウム事件直後にＲ５８の上り線と下り線に1か所ずつ端末が設置されたが、その後一九九九年までは増えなかった。ところが、一九九九年度から二〇〇〇年度にかけて一一か所も増設される。二〇〇〇年といえば、九州沖縄サミット。那覇から名護市部瀬名のサミット会場までの道路はＮによってもガッチリ警備されたわけだ。ちなみに沖縄一三か所という数は、一九九九年度北海道のそれを上回っていた。

〈日本海沿岸各地〉

太平洋側地方に比べて日本海側は色々な交通指標や交通関係の犯罪率は低いが、両地方の海岸沿い一般国道についてＮ端末の配置密度はどうか。本州北部でみると日本海側は海岸線が比較的単調なのだが、太平洋側では複雑であるから千葉県館山あたりから西はデータから除外しよう。前者で青森県をふくめ福井県小浜付近までが約一二〇〇㎞、後者では館山付近までが約一〇〇〇㎞。Ｎ端末は二一対一四くらいだから約六〇㎞弱及び約七〇㎞強おきにあることになる。Ｒ４５やＲ６（福島県部分）にＮが少く、Ｒ８（石川県部分）などにＮが多いことが効いているようだが、ともかく日本海沿岸路線のN密度の方が高いと言っていいだろう。
その理由をいろいろ述べるのはもはやヤボかもしれない。北朝鮮がらみの密入国その他への警備と、石川県ではオウム監視の跡もある。ずっと見てきた私には、日本海沿線のN端末の役割はロコツである。

〈大分〉

大分県は自動車盗の件数も少く、同検挙率も高かったのだが、一九九八年ごろからN増設が目立つようになり、今や福岡県に次ぎ沖縄と並ぶ九州第二のN大県（？）となった。理由の一つとして指摘されているのは、湯布院町・九重町に挟まれた「日出生台」の自衛隊演習場が日米合同演習でクローズアップされたことだ。ここでも警備が前面に出ている。

〈青森〉

一九九八年まで、東北高速・八戸道の各一か所にしかN端末がなかったのに、今では九か所。増える過程を見ていると、県境付近の国道に続いて県都青森市、次に日本海沿岸。最近では野辺地町のR２７９にも。県全体の存在感が大きくなってきたからだろうが、そのポイントは言うまでもなく六ヶ所村などをめぐる、「核」の重みだろう。野辺地町は六ヶ所村に隣接していて、青森市などからの抜道手前にN端末があるという手際のよさ（？）だ。反核勢力対策もあるのだろうが、核燃料などのトラック輸送経路の警備でもある。

ちなみにこの県に限らず、殆どの核関連施設周辺道路にはN端末がよく見られる。〃原発銀座〟の若狭地方、東海村の茨城、人形峠の岡山（簡易N）などなど。

6、一般的な「監視」を公然化しはじめたNシステム

Nシステムは、車の動きをナンバーによって監視し捜査に役立てるもの、と公称されてきたから、歩行者には直接関係ないだろうと思っている人が多いかもしれない。しかし、とりあえず二つの面でそれは間違いだと知るべき。

一つは、監視カメラ一般に言えることだが人間の容姿・顔貌を「自動認識」する技術が進んできたことだ。警察も車のナンバーデータだけでなく、少くとも車両形状や運転者・同乗者の容姿を使って監視したいと、あのテこのテを考えている。すでに高速道路の料金所付近では（撮影条件がいいので）運転者まで撮影されてきているが（写真12）、他のいろんな場所で同じようなことが行われる日はそこまで来ている。すでに「防犯カメラ」（写真13）としては実施されていることが、本書でも述べられている。いまNシステムは、中身非公開で「大改良＝性能高度化」が進められている。そして「改良」の一環としての「新N端末はドライバーから発見されにくい（秘匿性が高い）」という点は公表（？）された。つまり、警察は〟見つからないような姿にしたヨ〟と自信マンマンなのだ。すでに全国のどこかにこれを一式だけ設置した、と言っている。国民から見つけにくいものになりそれが増殖すると、Nの目的・運用について国民が具体的にモノを言いにくくなる。で、それに乗じて警察がまずやりそうなことはNに「車も歩

行者も」自動認識させることではないだろうか。

もう一つは、すでにNシステムの一部を堂々と「監視」に使うことが「公言」されていることで、しかもその使い方から「車だけでない対象」の監視も可能になっていると思われることだ。

それはあの「新宿・歌舞伎町」の五〇か所に及ぶ「防犯

写真12：公安御用達といわれる首都高料金所のカメラ（東京・外苑前）

写真13：政府の費用で推進中の「スーパー防犯灯」というカメラ（千葉）

図1：平成13年2月付　都の文書『平成13年主要事業』一八〇ページ「警視庁-1」の写しの一部

警　視　庁

事　　項	13 年 度	12 年 度	増(△)減
	百万円	百万円	百万円
1　来日外国人・暴力団等組織犯罪対策の強化	816	374	442
(1)　自動車ナンバー読取装置の設置	494	0	494
新宿歌舞伎町周辺　6箇所			
(2)　捜査資器材の整備	322	374	△ 52

カメラ」に加え、同町の周辺道路と貫通道路とに二〇〇二年三月「警視庁」がN端末六か所を新設した事実だ。警視庁つまり東京都が設置したことは、「一矢の会」の会員の一人が都の『平成一三年度主要事業』という文書から発見した。警察庁のN端末と外見は全く同一だが、六か所分として四億九四〇〇万円が都から支出されている。その上、「来日外国人・暴力団等組織犯罪対策の強化」を目的としてうたってあった（図一）。これは「捜査」ではなく、五〇か所の「監視カメラ」と連動し歌舞伎町関係の特定グループの「監視」のためにNを新設したということだ。

ここで、歌舞伎町の住民は五〇台のカメラにより、外部からの車を使った出入りは六台のNにより、という監視の図式はすぐ考えつく。ただ、このように監視カメラの森をNで囲んだ場合、乗降の際などに運転者他が車両と共に把握されるわけだから、高速道料金所付近の道路公団や警察のカメラと似たことになる。今後警察の「生活安全部」を先頭に公・私一体となって急速に全国展開すると考えられる「防犯」カメラ群はこの意味でも要注意だ。Nなどと協力して小さい個々の地域から「異分子」をアブリ出し、次は車両の手がかりを使って個人や所属団体を割り出して行く。結局刑事部よりもむしろ生安部や公安部の喜ぶリストを自動的に作ってくれるだろう。これらを全国リストにするためにはあの「住基ネット」があるから簡単だ（公安調査庁などはいらなくなる!?）。

こうしてNシステムはますます国民の自由をしばって行く。プライバシイを侵すという〝抽象的な〃被害を、いまガマンしていていいのだろうか？　〃Nシステムを発見し難くしたゾ〃とニヤツイている警察をこのまま放置していていいのだろうか？

杉並区が設置した監視カメラに住民訴訟で抵抗中

山際永三

私の考え方

監視カメラ問題をはじめ、銀行システムによる生活監視、さまざまな分野における警察権限拡大など、がんじがらめの管理社会の到来がいよいよ現実的になっている。

こうした事態への抵抗のしかたとして、ハイテクによる管理がいかに個人の人権・プライバシーを侵害するか、いよいよ未来は恐ろしいという訴え方（啓蒙）も不必要とは思わないが、私は、建前社会に対して建前をぶつけてもダメなのであって、ひとりひとりが具体的な事例に則して具体的に抵抗していくしかない——もし、その一人にとって荷が重すぎて大変なのであれば具体的に助け合うことが必要なのであって、一般論は役にたたない——という発想をもつ。

住宅街で引っ越しがあれば、監視カメラ以上の鋭い感度で目を光らせ、「怪しい」と警察・市役所に通報する人がいる。それをきっかけにマスコミが騒ぎ出し、麻原彰晃氏の子どもたちが家族七人だけでひっそりと静かに住もうとしている住宅を、千五百人のデモ隊が取り囲んで「悪魔のお前たちに人権はない！」とシュプレヒコールをあげる時代なのだ。さすがにこの理不尽な住民運動は、義務教育における就学拒否は不可という建前が通るなかで立ち消えとなったが、大人社会にくすぶる〝アイデンティティー喪失〟の「不安」が子ども社会に投影され、学校での「いじめ」は暗に陽に続いている。

オウム・アレフ問題

私は東京都杉並区の住民として杉並区長を相手に、監視カメラを取り付けた区の責任を追及して「地方自治法第二四二条の二」に基づく住民訴訟をやっている。監視カメラは、杉並区内にある宗教団体・アレフ東京道場の出入口に向けて、区の費用支出により取り付けられたものだ。

私は、オウム・アレフの問題には関心と興味があるので、この東京道場も訪問して中の信者たちにいろいろと話を聞いたことがある。その時出入口の前で真正面から私を狙っている監視カメラには、本当に不快感をもった。この東京道場が杉並・西荻窪にできたのは二〇〇〇年十二月、すぐに住民による排斥運動が始まって監視カメラも取り付けられたという。監視カメラは、当初道場の出入口の前にある電信柱の上の方に付いていたが、二〇〇一年十二月になってその位置を下の方に下げて取り付け直された。それによってこれまでより露骨に、はっきりと

顔が写るようになり、出入りする人たちはいやがっている。この道場には、前からの出家信者だけでなく在家の信者も多く出入りし、最近の新しい信者もいる。とくにそういう在家信者や新しい信者がいやがっているとのことであった。

オウム真理教団は、一九九五年の事件で社会全体からのバッシングの対象になったが、その後も新しい信者が入信している。この社会の中で病む心と体の回復を求めて、その道場に通う人を監視し、九五年の事件についての限りない連帯責任を追及して何の利があるのか。また、オウム・アレフに関心をもって研究しようとしている私のような者を監視して、どうしようというのか。私がその東京道場を訪問したのは、二〇〇二年一月のことだった。過去、オウムに同情的だとマスコミに叩かれて、大学を追われた教員もいた。「私はオウム・アレフには批判的だが……」と自分の立場を限定する前触れそのものが意味を確定できない全状況の中で、私に何ができるか。

杉並の東京道場の近辺では、「オウム出て行け！／二度と来るな！」というのぼり旗が沢山出されており、その旗には「杉並区オウム真理教対策協議会」と「杉並区」が二行になって印刷されてある。ということは、杉並区自体が排斥運動を行なっているわけだ。私は杉並区民だ。

税金も出している。その私を杉並区が監視カメラで監視している！　なんということだ。これを精神的苦痛と言わずしてなんとする。あるべき「自治体」の建前が、ことごとに腐食しつつあることに私は憤慨もしていた。私の孫が通っている杉並区立小学校にも、日の丸・君が代がひたひたと押し寄せつつあった。私が、もし孫の卒業式に出て日の丸を見たとき、私は黙って壇上に上がり日の丸を引きちぎる勇気を持てるか。私は、そのようなことも夢想せざるを得なかった。なにしろ杉並の山田宏区長は、いつのまにか「新しい歴史教科書をつくる会」系の者を教育委員に起用しようと画策し、これまで杉並区で反戦・平和の運動をやっていた住民たちが〝原爆反対運動発祥の地・杉並〟の名を汚されたと嘆くという、なんとも情けない状況だった。

杉並区の問題

一九九五年にではなく、九九年に、各地で急な盛り上がりをみせた〝オウム・アレフ排斥住民運動〟は、明らかに警察・公安調査庁・マスコミによって作られたものだった。私たち「人権と報道・連絡会」は、その現場の大部分に出掛けて行って、監視小屋に陣取る住民たちとの会話を試み、施設の中にいる信者たちの考え方も聞き取るという調査活動を行なってきた。私たちが監視小屋を尋ねると、町役場の職員が飛んで来て対応するというようなところもあったが、ほとんどの自治体は表には立たず、住民・自治会等が前面に出て〝排斥〟をしているところが多かった。住民のうしろには、自民党の国会議員がいたり共産党系の弁護士がいたりとさまざまで、運動のやり方もいろいろだったが、自治体は軒並み信者たちの住民登録を拒否し、自治体同士で連絡をとりあって異口同音に「県や国がなんとかすべきだ」と訴えるのがパターンだった。

住民登録を拒否された信者たちにしてみれば、選挙権を奪われ、健康保険にも加入できず（本来は別なのだが）、保険証がないとさまざまな不都合が生じる。国勢調査から除外された者もいた。そもそもの建前をかなぐり捨てて、バカバカしく違法なことを、行政自身がやっているという事態だったのである。

仕方なく信者たちからは転入届不受理の取り消しを求める民事訴訟が次々と提起され、裁判所で自治体側敗訴判決が続いた。事態収束の方法も自治体によってバラツキがあり、判決に従って損害賠償金を支払ったり、和解して住民登録を受け付けることにしたところが多いなかで、杉並区・名古屋市などが最後まで拒否にこだわって上告していた。それも、この二〇〇三年六月二十六日に最高裁で自治体側敗訴の判決が出て確定した。

最高裁に違法と決めつけられるような施策を、とり続けた山田宏杉並区長の責任は重い。ところが区長は、「判決は言葉に言い表せない脅威を教団に感じている現実を理解しておらず遺憾」

などとコメントしている。その「脅威」を誰が「感じている」と言うのか。杉並区は、法的にこれだけ突っ張っていながら、区の広報新聞などではオウム・アレフ問題をほとんど書かず、区民はアレフ問題についての区の施策を知らされていない。実際に居住しているアレフ信者を住民基本台帳に登録しないで、台帳を不完全なものにするという違法行為をやりながら、他方では、住民基本台帳ネットワークには個人情報保護の点で問題があるとして当初は加入しないなど、矛盾だらけの派手なパフォーマンスをやるのがお得意の区長なのである。

世田谷区の場合は、アレフ信者に賠償金を支払い住民登録を受け入れておいて、その代替措置として世田谷区安全安心まちづくり条例（正式名称は「過去にサリン等を発散させる行為によって無差別大量殺人行為を行った団体の行為による区民生活への被害及び影響の防止等に関する条例」）を制定し、アレフ排斥運動等に区の予算を差し上げますと、奇妙な差別運動公認の条例を実現させた。この種の条例や法律が、区・市・県・都・国で次々と制定され、屋上屋を重ねる現状は嘆かわしいかぎりだが、条例や法律をつくりさえすれば「不安」を減少させられるのではないかと考えている行政および議会の民主主義感覚は地に落ちたとしか言いようがない。

まず住民監査請求

杉並区のアレフ道場前の監視カメラに関して、私が訴訟を提起することになったのは、以下のような顛末からであった。

弁護士に相談したら、「住民監査請求」というのをするのが先とのことであった。これは、「地方自治法第二四二条」に規定されていて、概要次のようなものである。「地方公共団体の住民は、当該地方公共団体の長もしくは職員について、違法もしくは不当な公金の支出、財産の取得、管理もしくは処分、契約の締結もしくは履行（中略）もしくは財産の管理を怠る事実があるときは、これらを証する書面を添え、監査委員に対し、監査を求め、当該行為を防止し、当該地方公共団体のこうむった損害を補填するために必要な措置を講ずべきことを請求することができる」

この規定の発想は、公共団体（自治体）の長や職員の間違った行為によって自治体が損害を受けた場合、その損害の補填を請求できる――というものであり、住民が直接に請求できるのではなく、あくまでも自治体という法人格が受けた損害を代位的立場から補填させるという、非常にまわりくどい間接的な民主主義なのである。確かに自治体の長や職員が間違ったことをすれば、刑事罰を課せられることもあるだろうし、長の責任は次の選挙によっても問うことが可能だ。それに本件の場合、監視カメラによって常時監視されているアレフ道場の人々には当事者性が強いが、たまたまその場所を訪問した私のような人間は確かに監視カメラによって監視されて不快な思いはしたが、当事者性が薄いというわけだ。杉並区の住民という立場で、杉並区という自治体を相手にするのではなく、自分がその一員である自治体という法人格が受けた損害を、いわば公僕である区長に請求するという発想だ。自治体という組織の中で、大いに権力をふるっている区長——もはや「公僕」ではなく「公権」そのものである区長に対して、あまりにも迂遠な請求のしかたのような気もするが、監視カメラについて私の当事者性をはっきりさせるためには仕方がない手続きの第一歩かもしれないと考えて、私は監査請求をしてみることにした。

まず杉並区役所の「監査委員事務局」というのを尋ねた。二人の職員が対応し、「住民監査請求の手引」という五ページのものをくれる。書いてあることは、「地方自治法第二四二条」の解説である。やはり区長や職員の行為を「証する書面」が必要だ。私はその足で区役所の情報公開係の窓口に行って、西荻窪の宗教団体アレフの施設の前に設置されているのぼり旗および監視カメラ等に関する区の支出についての書類を開示してほしいと話した。監視カメラにはカメラの所有者が書き込んであるわけではないので、のぼり旗にはっきりと印刷されている「杉並区」の行為を、支出の面からも証明できれば、監視カメラの所有権関係もはっきりさせられるであろうという私の考えであった。情報公開の窓口はなかなか親切で、何の目的とか、どういう題の何日付けの書類かなどうるさいことは言わず、一週間くらい待ってくださいとだけ言って、比較的簡単に引き受けてくれた。

開示されたのは「予算執行票」である。「オウム対策用資材／横断幕・のぼり旗・伸縮ポール合計百七十九万八千八百六十円」、そして「監視カメラ等一式の購入／監視カメラ・ビデオモニター・ビデオデッキ合計九十四万五千円」——私は、このコピーと私が撮影した監視カメラ等の写真を添付して、監視カメラの人権侵害を書き立て、「杉並区職員措置請求書」というのを作って監査委員事務局に提出した。「地方自治法第二四二条第四項」には、監査委員の監査および勧告は「六十日以内」にしなければならないと規定されている。私の請求に対しては、一週間で「却下」の通知が来た。「地方自治法第二四二条二項」に、「請求は、当該行為のあった日又は終わった日から一年を経過したときは、これをすることができない」とあり、私が請求した二つの「予算執行票」の執行日付が、どちらもすでに一年を経過しているからという理由である。

私は、のぼり旗や監視カメラを購入したのは一年以上前であっても、のぼり旗はずっと立てられており、監視カメラを使って監視するという不当な行為は継続しているのだから、行為は終わっていないと考えていたのだが、監査委員の判断はあくまでも「支出行為」の日でしかない。法律の条文を非常に限定的にとらえているのである。

監査請求の「補正」

そこで私は、監視カメラを電信柱の下の方に取り付け直した行為、つまり、それまでより露骨に出入りする者の顔を見やすくして監視を続ける行為、これは確かにさらに悪質と言えるのだから、追及する意味はあると考えて、再度監査請求をやってみることにした。

再び情報公開で出てきた「予算執行票」は、「監視カメラ移設／支出金額二万一千円」である。

やれやれ、たかだか二万円で、これからのめんどうな手続きを延々とやらなければならない。うんざりもしたが、ここまできたからには意地でもやらなければと思い定め、再び「杉並区職員措置請求書」を書いた。提出したのが二〇〇二年三月二十七日だ。ところが二十九日になって監査委員事務局から電話があって、請求書の書き方がわるいから「補正」してくれと言う。なんべん聞いても結局よくわからないのだが、要するに「不当だ」というだけではなく、その不当な行為が「支出行為」であり、その「補填」を求めるという言葉を入れなければだめだと言うのである。そんな言葉を入れなくても、「地方自治法第二四二条」にいう行為があったから監査してくれ――でいいではないかと押し問答をしてもダメなのである。監査委員が、公金の「支出行為」にだけこだわり、行為の意味内容になるべく立ち入らない方針であることは察することができた。しかし意味内容を調べることなく、支出行為だけの不当性など問題になるわけがない。自治体の長や職員が、公金によって私腹をこやしたとか詐欺的な支出をしたとかいう場合でないと監査の対象にならないというのか。そんな場合は、それこそ刑事事件であって私の出る幕ではない。住民の立場で自治体の長や職員の不当な行為（それに公金の支出が伴う行為）をやめさせるため以外に、住民監査請求の制度を置く意味がないではないか、と思うのだが窓口はガンとして言うことをきかない。このあたり、あとで弁護士に聞くと、自治省（現総務省）からの細かい通達があって、住民監査請求をなるべく通させないように、各自治体が同じような対応をしているとのことである。まさに官僚どもは、寄ってたかって「地方自治」を圧殺することを画策しているわけだ。

私は、やむを得ず「補正」に応ずることにした。「補正」前の私の請求書の文章は、「私は、杉並区民・納税者として、区が上記のような人権侵害および差別行為を続けていることに多大な精神的苦痛を被り、損害を受けつづけている。よって区職員らは、上記の行為を直ちに中止し、当事者（同ビル出入りの者ら）に対して権利侵害を謝罪し、損害を回復すべきである」と結ばれていたが、それに〔以下三行を追加〕として、「上記私の納税者としての損害とは即ち地方公共団体である杉並区が被った損害にほかならず、私は、杉並区長および関係職員らが添付資料の公金支出等区に与えた損害を補填すべきことを求める」という文章を付け加えて四月一日に配達証明で再送付し、四月二日に受理された。私にはこの「補正」のやりとりが、いまだに屈辱的な思いとして残っている。要するに官僚どもは、日本の民主主義をダメにするための手だてを、あらゆる細部のシステムにまで浸透させ終わっているのであって、いまさら民主主義の〝精神〟を生かそうと努力しても、無駄のように出来てしまっているという事実の一端を見せつけられた思いがするのである。

その後監査委員は、私の意見を陳述する機会をつくると言ってきて、私は五月十日に区役所に出掛けていき、四人の監査委員（うち二人だか三人だかが区議会議員で、司会役の委員はいわゆる有識者）と数人の事務局員の前で意見陳述を行なった。約三十分の時間を与えるとのことだったので、原稿を用意して大いに熱弁をふるったつもりである。終わって司会役の委員が、

「なにかご質問は？」……シーンとして誰も何も言わない。区議のおっさんたちは、ニヤニヤするだけであった。「では、これで終わります」――まったく見事な儀式だった。このときに判ったのだが、区の監査委員というのは、区の全体の決算を監査するのが主な仕事で、住民からの監査請求、とくに監視カメラの是非を考えるような場所にはなっていないということである。

そして、六月三日、再び却下の通知があった。「監査結果」というA4で十五ページの理由書がついていた。これには、「監査対象部課の説明」という項目があって、なにゆえ監視カメラが必要であったか、付近住民のアレフに対する「不安」を少しでも解消するために監視カメラの設置を住民が要望してきたから、区はそれに応えたのである――という「対象部課の説明」がすべてそのまま容認され、私の主張は完全に無視されていた。

私の監査請求提出が三月二十七日、そして却下が六月三日である。これは明らかに「地方自治法第二四二条四項」の「六十日以内」に違反している。例の「補正」に要した日数（三月二十九日から四月一日）を差し引いたとしても、どう計算しても六十日以上になっている。私は、このことにも大いに腹を立てた。かくなるうえは、裁判所に訴える以外に手がない。

東京地方裁判所へ

「地方自治法第二四二条の二」は、要旨次のように規定している。「住民は、前条第一項の規定による請求をした場合において（中略）監査委員の監査の結果もしくは勧告に不服があるとき、又は監査委員が同条第三項の規定による監査もしくは勧告を同条第四項の期間内に行わないとき（中略）、裁判所に対して訴えをもって請求をすることができる」――これに当てはまるわけである。ただし、この訴訟は「二項」の規定により「三十日以内」に提起しなければならない。

私は、六月二十七日に東京地裁に訴状を提出した。弁護士なしの本人訴訟である。訴訟物の価額金九十五万円（いわゆる見なし価額）、貼用印紙額金八千二百円、予納郵便切手六千四百円であった。「請求の趣旨」は、「被告・山田宏は杉並区に対し、金二万一千円とこれに対する二〇〇二年二月十五日（費用支出執行の翌日）以降支払い済みまで年五％の割合による金員を支払え」である。弁護士とも相談して、いろいろな可能性を考えたが、ともかくいちばん通りやすい提起のしかたはこうであろうということになった。本来は、私自身に当事者性がある――監視カメラによって撮影され録画されたことで、私自身精神的苦痛をこうむり損害を受けた――だから私に対して損害賠償を求める――とスッキリ言いたいところだが、またしても相手の土俵でたたかうことになってしまった。

私は訴状において、住民監査請求を却下されたことへの不服（六十日以上たってから却下したことの法律違反を含め）、そして、監視カメラの違法性（プライバシー権および肖像権侵害）、アレフ信者への排斥運動の不当性も展開した。結論は、「原告は杉並区に代位して、被告が杉並区に対して本件監視カメラの設置および移設の費用支出により杉並区が被った損害の補填を求め、その内金として少なくとも移設に関わる損害金二万一千円（中略）の支払いをすることを求める」とした。私の訴状は、一年以上前の「設置」にもこだわり、「移設」にもこだわるという二重の論理になっており、訴訟では二重にする意味がないと言う人もいたが、私はどうしても移設費用の二万一千円だけを問題にすることはできなかった。私は二度にわたる監査請求却下に不服で、それを裁判所に訴えたのだから。

区長側の論理

被告側の代理人は「答弁書」で、区の規則により四十万円以下の金額（監視カメラ移設費用は二万一千円）については支出行為が課長に委任されており、総務課長の責任範囲であるという趣旨の主張を行なってきた。裁判長も、地方自治法第二四二条は支出行為の違法性を問題にするのだから、誰が決裁したのかが問われるのではないかと、区の監査委員事務局の連中が言っていたことと似たようなことを言って、あたかも区長を被告とした私の訴訟が手続き的に間違いであるかのような発言もした。私は、総務課長は区長と一体となってアレフ排斥を意図して一連の行為を行なったのであり、その責任・監督責任は区長にあるとし、その趣旨に沿う判例もあると主張した。

その後の被告側「準備書面」では、監視カメラの必要性を論ずるなかで「杉並区は」とか「杉並区長は」とかが主語になり、支出行為の総務課長への委任という問題はすっかり吹っ飛んでしまった。なんのために、あんな姑息な主張をしてきたのか。しかし、いずれその手のすり替えの論理で、裁判所をまるめ込もうとしてくるかもしれないので警戒する必要がある。

一方アレフ東京道場の信者たちは、監視カメラで撮影・録画されている当事者として、カメラの撤去を求める民事訴訟を起こしていた。私の訴訟より少し前から始まっていたこの訴訟は、二〇〇二年の夏頃になって、裁判所の和解勧告を受けて話し合いに入り、杉並区は、施設を随時公開すること、多人数の集会を開くときは事前に住民に予告すること、ヘッドギヤを公道で付けて歩くのを控えること、深夜の騒音に注意すること、夜中の出入りを控えること――をカメラ撤去の条件とした。教団側は、「約束すること自体は基本的に問題ないが、その前にカメラを撤去してほしい」と申し入れ、結局二〇〇二年十月二日に撤去され、アレフ側は訴訟を取り下げた。

この段階で私の訴訟の方の裁判長は、「カメラがなくなるようだが、原告は訴訟取り下げの意向は?」と質問してきた。私は、「いや、私は区長の責任を追求しているのだから、取り下げません」と答えた。

被告側は、その後の「準備書面」においても、アレフ道場に対する監視カメラは違法ではないとして、次のような主張を展開している。

まず、アレフの前身オウムがいかに無差別テロ等をやってきたか、そして過去杉並区内でも複数の施設を作って住民に迷惑を与えてきた。最近も、団体規制法による観察処分が延長されたことをみても危険性は変わっていない。そして、「地下鉄サリン事件等で指名手配され逮捕を免れ逃走中の信者数名がいる状況下、サリン等を生成する不審な機材が搬入されてくるのではないか等の恐怖・不安」がある——というわけである。そこで住民は、「対策協議会」をつくって監視を続ける必要があり、夜通し監視を続けることは不可能なので監視カメラによる監視に代えることとし、その助成を区に要請した。そこで区が購入し無償で貸し付けることとしたのである。ただしモニターテレビの監視、タイムラプスビデオの操作および録画行為自体は、住民の「協議会」がやっていた——という言い訳になっている。

さらに、最近はコンビニや銀行等にも防犯カメラは多数設置されており、アレフ道場前のものも変わりはないという理屈も言ってきている。

監視カメラによる人権侵害とは

被告側がもっぱらアレフの危険性と住民の「不安」を言いつのって、監視カメラの正当性の根拠にしてくるので、私は、住民が寒風吹きすさぶ道路に立って直接監視するならまだわかるが、監視カメラは機械的に無差別に出入りする信者や私のようなアレフ教団の研究者、さらには一般の通行人も撮影してしまうのであって、その録画が何に利用されるかわからない——撮影・録画行為そのものにプライバシー権・肖像権の侵害が必然的に起こるのであって、被告側は、監視カメラによる人権侵害について全く答弁していない——と主張した。そして、モニターによる監視・録画行為は区ではなく住民がやっているという言い訳けについては、そうした不当違法な行為を住民がやることを承知で監視カメラを設置・移設・貸与している区に責任がある——と主張し、コンビニ等の防犯カメラと、本件のような特定の団体・人々に対して、いやがらせのため、威嚇のために設置するカメラとは意味が違うと主張した。

住民の「不安」とは、マスコミに煽られたもので具体性がなく、現にアレフ側が道場の中を公開すると連絡しても、「協議会」の住民は誰ひとりとして見に来なかった。私は、監視カメラの電気コードを引き込んでいる近所のパン屋さん（協議会の副会長）や協議会の会長をやっている駅前の酒屋さんにも会って話をしたことがあるが、杉並区のアレフ排斥運動は他の地域のそれに比べておよそのんびりしたもので緊迫感がなく、むしろ区役所が主導して排斥運動をやっているのが明らかな実態を知っている。

杉並区は、アレフ側にいくつかの条件を出して和解したというが、深夜の出入り自粛などおよそあたりまえのことを約束させただけで、監視カメラを撤去している。被告側が主張する「サリン等を生成する不審な機材搬入の不安」などはどこに行ってしまったのか。カメラ撤去の根拠の薄弱は、カメラ設置の根拠の薄弱を示して余りある。

また被告側は、カメラを電信柱の下のほうに移設したのは、一般通行人が写りにくいように配慮したためなどとも言っているが、これはカメラの機能を知らない裁判官をだまそうとする虚偽の言い分である。私は映画監督なので、カメラ角度の問題については専門家だ。電信柱の上の方から下に向けた画面と下の方で横に向けた画面がどのように違うかの実験をやって、その写真を甲号証として提出した。カメラ位置が低い方が、いわゆる「容姿・容貌」をより明瞭に写し取り、人物特定がしやすくなることは明らかである。

被告側は最近の「準備書面」で、本件監視カメラによる撮影行為は判例にある「みだりに」ではないから違法性がない――と主張してきた。撮影・録画は住民がやっていると述べておきながら、それが「みだりに」ではないと区長がどうして証明できるのか。私の姿も写っているに違いないビデオを、住民以外の区役所職員や警察官がチェックしていないという証明はなされていない。

私は、杉並区役所の総務課長とビデオ機器を置いていた近所のパン屋さんの主人の二人を証人に請求した。まず総務課長が採用され、次回に尋問が行なわれることになっている。

杉並区などの新条例

この二〇〇三年十月に施行される「杉並区生活安全及び環境美化に関する条例」の第八条には、「区長は、共同住宅、大規模な店舗その他の建築物について、建築主に対し、防犯設備の設置について、あらかじめ当該共同住宅等の敷地を管轄する警察署と協議をするよう指導するものとする」という規定がもうけられている。警察主導で監視カメラを設置しろというわけである。

また、現職警察官僚（広島県警本部長）を副知事に迎えた石原慎太郎東京都知事は、「東京都安全・安心まちづくり条例」のなかで、同じように監視カメラの多用・義務づけをすすめようとしている。

私たちが、杉並区議会に反対の陳情に行ったとき、議員のひとりは、条例が警察からの強い要請によってつくられることになったと述べていた。警察庁に「生活安全局」が設置された一九九四年に、「公安」重視から「生活安全」重視へのシフト、柔らかいオブラートに包んでの情報化社会トータル管理が、すでに計画されていたわけで、それが徐々に実行されているのが現状だ。

杉並の山田区長はこの六月、防犯カメラについて個人のプライバシー侵害につながらないようカメラの設置や運用の基準を策定するため専門家会議を開き条例化を目指す――と発表した。一般の人には非常に進んだ施策のようにみえるだろうが、彼を被告にしている原告の私にしてみれば、ポーズをとる前に法廷においてもう少し誠実な答弁をしてくれと言いたくなる。専門家会議には、法律やカメラの有識者を入れるとのことだが、監視カメラの位置を低くすれば通行人が写りにくくなるなんて欺瞞的な主張を私にはしておいて、専門家会議もないものだ。

私は映画監督として著作権法の分野にも関心がある。最近はこれまで以上に多くの条項で、違反に刑事罰を課すような「法改正」がなされている。悪質な海賊版退治ならまだしも、コピープロテクションがほどこされているＣＤなどを、パソコンをいじくりまわしてコピーしただけで犯罪になってしまうのである。違法行為を誘うような機器やメディアを流通させておいて、罰則を増やすようなことはよくない。著作権分野ですぐ警察に頼るのはやめて、著作権オンブズ・パーソンのような民間監視機関をつくることも考えてくれと主張するけれど、多くの人は「悪いことをしたら警察へでどうしていけないの?」としか発想しない。

新しい全体型管理社会の到来を危惧するわれわれ市民運動の側も、次から次に出てくる悪法・悪条例への反対運動にあけくれて消耗するのではなく、もう少しこれまでとは違った運動の作風を身につけるべきではないか。

暴走する国会——ひそかに市民をカメラで監視

角田富夫

明るみにでた国会監視カメラの存在

本年五月、国会に監視カメラが設置されていることが明らかになった。監視カメラの設置が判明したのは、請願にいった者が何気なく請願所横をみて、ドーム型の物体を監視カメラではないかと疑ったことからはじまる。

私も請願などで何度も国会に行くが、その物体が監視カメラだとは思わなかった。その物体に気がつかなかったわけではない。それは照明か何かと思っていたのだ。

ところがそれは照明などではなく、監視カメラだったのである。監視カメラだと分かった時には愕然としたものである。というのは、監視カメラには関心があり、歌舞伎町の監視カメラの見学に行くなどしていたからである。それだけに国会に監視カメラが設置され、知らない間に撮影・録画されていたことが分かったときの怒りははかりしれないものがあった。

なぜ、監視カメラだと気がつかなかったのだろうか。というより国会に監視カメラがあると思わなかったのだろうか。

この点が国会の監視カメラ問題を考えていく上で重要ではないかと思う。

一つは、請願などでいく国会に、監視カメラが設置されているとは考えもしなかったからである。選挙で選んだ国会議員を市民が公約を守っているかどうか、「監視」しているということはある。その「監視度」が高ければ高いほど民主主義は成熟しているのであろう。それは主権在民の国であれば当然のことである。逆にまさか国会が、国会議員が市民を監視しているとは想像だにしなかった。一種の不意打ちを受けた感じである。

国会の監視カメラ。外にはみ出して設置。
（撮影・吉村英二）

一つは、国会周辺の警備の凄さである。地下鉄から国会に行く時の警備の厳重さをみれば、そこに監視カメラが必要などとは誰も思わないであろう。日本で一番、警察官が配備されていて、治安のよい空間が国会、首相官邸の一帯であることは疑いない。変な素振でもすれば警察官が駆けつけてきて直ちに規制をおこなう、それが国会周辺の警備の現実である。国会周辺に監視カメラが必要であるならば、日本全土に監視カメラが必要ということになる。

一つは、国会に監視カメラが設置されているとの報道が何もなかったということである。歌舞伎町の監視カメラの設置に限らず、全国ですすむ監視カメラの設置問題は、プライバシーの関係もあり、マスコミでそれなりの大きさで報道されている。国会に設置されるということになれば、報道しないはずはない。ところが国会に関しては、監視カメラの設置という大きな問題報道されたことはなかった。

首相官邸の固定式監視カメラ（撮影・筆者）

大体以上のような理由で、私は国会に監視カメラが設置されているなどとは思わなかった。他の多くの人もそうではないかと思う。それだけに、監視カメラの設置を知った時の驚きと怒りはおおきかった。

市民の監視が目的

国会監視カメラの設置の目的は何か。

国会の外周を網羅し、請願・陳情に訪れる人、参観する人、単なる通行人も含めて撮影・録画することである。国会の敷地への侵入者を捕捉するということが目的ではない。

七月一六日、民主党の河村たかし議員が衆議院法務委員会で国会の監視カメラについて質問をした。

そのなかで設置目的について尋ねたところ、衆議院警務部長の井上茂男参事は「今のところ、外の不審者を探すというのが目的も入っていますので、中だけ撮っていますと、入ってこられたという、既遂に終わってしまいますので、それはちょっとまずかろうと思いますが」と監視カメラ設置の目的が外周を網羅的に撮影することにあると述べている。

最高裁のドーム型監視カメラ。敷地の内側に設置されている。（撮影・筆者）

事実、国会の監視カメラと首相官邸、最高裁に設置されたカメラの位置を検討すれば、国会の監視カメラの設置目的が外周の網羅的な撮影にあることは一目瞭然である。

写真をみれば明らかなように首相官邸に設置されている監視カメラは固定式カメラであり、外から塀を乗り越えて侵入する者を撮影する構造になっている。基本的に塀にそって固定式カメラが設置されている。明らかに外向けではない。ただ一ヶ所だけ固定式監視カメラが溜池山王駅の方向に向けられている。理由はなぜだか分からない。意外にも最高裁にも監視カメラが設置されていた。カメラは、ドーム型の監視カメラが基本であるが、写真でも明らかなように、カメラが最高裁を取囲む鉄柵から約二メートル以上内側に設置されている。基本的に設置目的が敷地内への侵入者の撮影にポイントをおいているといってよいようである。とはいえ、最高裁のカメラは、国会の監視カメラと同じ型と思われる。だとすれば一〇メートル先を撮影でき、最高裁に裁判でくる人、通行人も撮影することができる。これは、最高裁判所がだした「何人も、その承諾なしに、みだりにその容貌・姿態を撮影されない自由を有する」（一九六九年一二月一四日大法廷判決、判例時報五七七号一八ページ）との判断を自ら踏みにじるものである。

写真をみれば、国会の監視カメラの突出ぶりは一目瞭然である。ドーム型カメラが国会の敷地を取囲む鉄柵から身を乗り出すような感じで設置されている。これは明らかに国会を請願、陳情で訪れる人たちを潜在的な不審者とみなし、撮影・録画しようとするものにほかならない。

最新式の監視カメラシステム

国会の周辺の監視カメラの設置状況をみてみよう。監視カメラの存在が分かった六月段階で、参議院には屋内外に二〇台、衆議院には一六台の監視カメラ設置されていた。今後衆参ともに設置台数は増える予定といわれている。

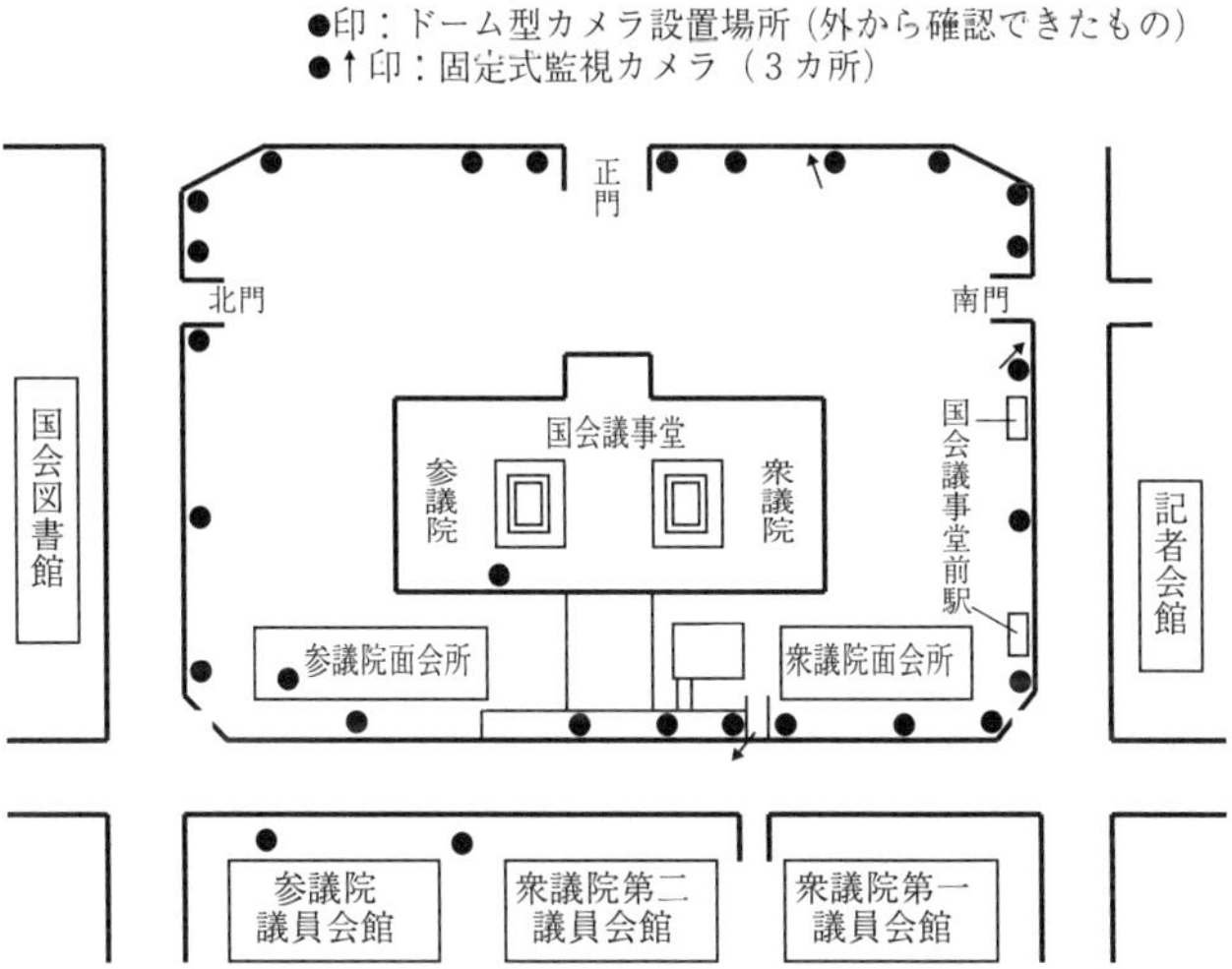

民主党の河村たけし議員が、衆議院法務委員会で質問したところ、衆議院にはドーム型、固定式型を含め二三台設置されているということが分かった。カメラも順次固定式からドーム型に変えられている。

　監視カメラ配置図をみれば、国会を取り囲む形で監視カメラが設置され、国会周辺を撮影していることが分かる。特に、地下鉄丸の内線の国会議事堂前駅から衆参の面会所前、参議院北西門あたりまでは設置台数が多い。衆参の議院面会所の真横に監視カメラが設置されていることには愕然とする。請願に訪れた人は顔、姿をバッチリと撮影・録画されていることは疑いない。この露骨な設置には驚きを禁じえない。

　ドーム型監視カメラは参議院議員会館の周辺にも設置されている。一ヶ所は参議院議員会館の外側の天井であり、もう一ヶ所は参議院議員会館から衆議院第二議員会館に向かう通路の途中に設置されている。国会議事堂周辺だけではなく、議院会館周辺まで設置されてることをみると、監視カメラの設置を決めた国会議員も撮影されていることは疑いない。国会内の監視カメラの位置を確かめられないので何ともいえないが、国会議員や秘書、職員がどのように一日行動しているかを把握することも困難ではないはずである。

監視カメラは、最新のドーム型のもので三六〇度回転式、ズーム倍率二二倍という代物である。衆院警務部長の井上参事によれば一〇メートル先まで撮影可能という。これは、国会議事堂よりの歩道は当然のこと、衆参の議員会館側歩道まで撮影可能ということだ。

衛視によれば、国会の鉄柵にそって設置されているセンサーが柵を乗り越えようとする者を探知すると、その探知した方向に向かってドーム型カメラが向けられ、侵入者を撮影・録画するようになっているとのことである。文字通り最新式の監視カメラシステムが市民の知らない間に設置され、国会に請願・陳情に訪れた人、抗議行動に参加した人、参観に訪れた人などを撮影・録画していたのだ。

しかも、この国会の監視カメラには運用ルールがない。五〇台設置と騒がれた歌舞伎町の監視カメラでも運用ルールはある。ということは、カメラがどう使われ、録画されたものがどう使われているかわからないということだ。言い換えれば、どう使ってもよいということである。

しかも衆議院では録画は二四時間、保存期間は一週間であるという。恐らく参議院も同様であろう。

それでは、この国会監視カメラはいつ頃から設置されたのであろうか。衆議院法務委員会で明らかになったことは、二〇〇一年の九・一一事件以前であり、九・一一をテコに監視カメラ設置が急速に進行したということである。

私たちは、少なくとも二年近くは国会に監視カメラシステムがあることを知らず、無防備に顔や姿を撮影・録画され続けてきたことになる。

秘密裏に進められた監視カメラの設置

国会監視カメラ問題の核心はカメラが市民に分からぬように、秘密裏に設置されたということである。この点は実に徹底している。またこの点に国会監視カメラ問題の核心がある。

設置をきめたのは、衆参とも議院運営委員会である。だが議院運営委員会関係の議事録には、監視カメラの設置という箇所は調べた限りでは一箇所しかでてこなかった。

二〇〇一年一〇月一一日の衆議院議院運営委員会内の警察及び秩序に関する小委員会会議録には次のように記されている。

「衆議院における警備体制について、これまでも、議事堂各門及び外周にセンサー、監視カメラ等のセキュリティー機器の設置、記章帯用カードの導入、各門における衛視の増員配置などを通じて、その警備強化に努めてまいりました。

しかしながら、去る九月十一日、アメリカで前代未聞の同時多発テロが発生し、日本におけるテロ行為の可能性も増大している現状にかんがみ、現行の警備体制を見直すなど、所要の措置を講ずる必要が出てまいりました。」（前記　井上参事）

国会の監視カメラの設置は、衆議院においては九・一一同時多発テロ事件以前から進められ、九・一一事件をテコに一挙に進められたことが分かる。同事件発生後、はじめて監視カメラの設置が進められてきたことが、公文書に記されたのである。しかし、それ以降、調べた限りでは監視カメラの記述が衆議院議院運営委員会関係会議録には見当たらない。

この点について、河村議員の質問に衆議院の谷事務総長が七月一六日の衆議院法務委員会で次のように述べている。

「河村（た）委員　そうすると、これ、どこかで決まったことは決まったの、ちゃんと議会をやって。議事録とかあるんですか。

谷事務総長　予算でございますから、予算の執行につきましては、あらあらそのときに概算要求、あと予算書を提出しまして、正月にそういうあれしますけれども……（河村（た）委員「予算じゃなしに設置」と呼ぶ）設置につきましては、議運で、警察小委員会でお諮りはしてあるんですが、定かな記録は残ってございません。懇談のことで大いに議論になって決まった、こういう感じでございます。」

要するに、これほど重大な監視カメラ設置に関する議事録が存在しないというのである。理由は懇談の場で確認したからというのである。この懇談の場での確認というのは、さきにあげた二〇〇一年一〇月一一日の衆議院議院運営委員会内の警察及び秩序に関する小委員会をさすようである。

その会議録にはこの部分が次のように記されている。井上参事が国会関連施設の警備強化（案）を説明した後、同委員会委員長が賛否について意見を懇談の場に持ち込む場面である。

「佐田小委員長　ただいま警務部長から説明があった国会関連施設の警備強化の件について、各党から御意見を賜りたいと思います。

これより懇談に入ります。

〔午後二時三十五分懇談に入る〕

〔午後二時五十八分懇談を終わる〕

佐田小委員長　これにて懇談を閉じます。

お諮りいたします。

国会関連施設の警備強化の件については、ただいま御協議いただきましたことを踏まえ実施いたしたいと存じます。詳細につきましては小委員長に御一任願いたいと存じますが、御異議ありませんか。

〔「異議なし」と呼ぶ者あり〕

○佐田小委員長　御異議なしと認めます。

本日は、これにて散会いたします。」

懇談での協議の内容が何一つ明らかにされていない。各党の賛否についての態度も分からない。〔「異議なし」と呼ぶ者あり〕があり、それで詳細について委員長に一任されたということになっている。国会というのも分からぬ場である。分からぬ場というより、市民に知られたくないことを懇談という形で処理し、議事録を残さないやり方をしていると考えざるをえない。

以上は監視カメラの設置をきめた衆議院議院運営委員会の様子である。

参議院も議院運営委員会が監視カメラの設置をきめた。参議院では議院運営委員会理事会の持ち回り協議できめたといわれている。持ち回り協議で決めたのであれば議事録などあるはずがない。

なぜ、国会に監視カメラの設置を設置するという重要な問題がキチンと議論され、議事録に残るようにならなかったのであろうか。

ここに国会監視カメラ問題の核心があるといえる。それは、国会議員と主権者である市民との関係という根本問題にかかわることである。

議会が、国会議員が、自らを選挙で選んだ主権者である市民をカメラで監視することに対するうしろめたさを感じているからにほかならない。このうしろめたさは監視カメラの設置が憲法に違反する行為ではないかという恐れと一体のものである。

要するに国会監視カメラ問題が公に議論されると憲法上の大問題になりかねないと恐れ、秘密裏に設置がおこなわれたのである。そして、監視カメラの存在が気づかれるまで隠しつづけてきたのである。

一片の正当性もない

国会への監視カメラの設置は一片の正当性もない。

第一に、監視カメラの設置は市民の請願権を侵害するものにほかならない。

憲法第一六条は「何人も、損害の救済、公務員の罷免、法律、命令又は規則の制定、廃止又は改正その他の事項に関し、平穏に請願する権利を有し、何人も、かかる請願をしたためにいかなる差別待遇も受けない」と請願権を規定している。

国会には請願のために、多くの人々がおしかける。請願にいく市民を無差別に撮影し、録画する、そのこと自体が明らかな請願権の侵害である。しかも国会の監視カメラにはなんらの運用基準もきめらていないのである。撮影・録画された映像がどう使われているかもわからないのだ。

歌舞伎町などへの監視カメラの設置と国会への監視カメラの設置は明らかに次元が異なる問題である。監視カメラが嫌であれば、他の繁華街などにいけばよい。しかし、国会への請願は、国会にいくしかない。選択できないのである。

国会監視カメラは、主権者としての市民の政治参加に実質的に規制を加えるもの以外のなにものでもない。

第二に、明らかな市民の肖像権、プライバシー権の侵害である。

さきにあげた一九六九年最高裁大法廷判決は原則として容ぼう等の写真撮影は許されないとしたうえで、「現に犯罪が行なわれもしくは行なわれたのち間がないと認められる場合であつて、しかも証拠保全の必要性および緊急性がありかつその撮影が一般的に許容される限度をこえない相当な方法をもつて行なわれるとき」には令状がなくとも写真撮影は許されるとの判断を示している。

この最高裁判決はビデオによる特定の場所を自動的、継続的に撮影する場合の判断を示した一九八八年四月一日の東京高裁判決のもととなっているといってもよい。東京高裁判決では、「現に犯罪が行なわれもしくは行なわれたのち間がないと認められる場合」のところが、「当該現場において犯罪が発生する相当高度の蓋然性が認められる場合」はとされている。

国会監視カメラには、この最高裁判決、東京高裁判決の撮影の要件を何一つみたしていないことは明らかである。しかも、国会の監視カメラには、監視カメラが存在するという表示すらないのである。

国会監視カメラがこの間の判例から見ても、市民の肖像権、プライバシー権を侵害するものであることは明らかだ。

第三に、国会一帯は警察による厳重な警備体制がしかれた、日本で一番治安のよい場所だということである。

国会に監視カメラを設置する一片の正当性もない。このような監視カメラの存在を許すならば、全国津々浦々が監視カメラでおおわれてしまうであろう。

国会監視カメラは全面的に撤去する以外ない。

国会監視カメラの全面撤去を！

一人一人の議員が問われている。

国会の監視カメラの設置が議院運営委員会で決定されたということは重要である。国会の警務部ではなくほかならぬ国会議員が自らの手で、明らかに違憲と思われる、監視カメラの設置をきめたからである。しかも市民にその存在をしらせず、市民を秘密裏に撮影・録画をしていたのである。

これは、立法府が、議員と市民の関係のあり方を疎遠にする道を選んだということである。市民を無差別に撮影・録画する国会監視カメラの設置には、市民を潜在的な犯罪者とする、考えが背後にあるからである。

このような監視カメラの設置をおこなうことは、立法府としての死としか思えない。各政党は、各議員は、市民を監視するカメラの設置について態度表明を求められている。

資料■衆議院法務委員会議事録

平成十五年七月十六日（水曜日）

午前九時三十分開議

◇

山本（有二）委員長　これより会議を開きます。

裁判所の司法行政、法務行政及び検察行政、国内治安、人権擁護に関する件について調査を進めます。

この際、お諮りいたします。

各件調査のため、本日、政府参考人として法務省大臣官房長大林宏君、刑事局長樋渡利秋君、矯正局長横田尤孝君、保護局長津田賛平君及び人権擁護局長吉戒修一君の出席を求め、説明を聴取いたしたいと存じますが、御異議ありませんか。

〔「異議なし」と呼ぶ者あり〕

山本委員長　御異議なしと認めます。よって、そのように決しました。

山本委員長　質疑の申し出がありますので、順次これを許します。河村たかし君。

河村（たかし）委員　まず、二十分ほどですけれども、最近、国会の、そこにも監視カメラがありますし、にわかに、この向こうの議面の向こうにあります。数十台までいかない、二十数台ありまして、私も、警視庁の情報公開室に実はカメラがあった、これはなかなか、私は褒めるところは褒めておきます、やはり情報公開のところをカメラでねらうとは何事だということで予算で何回かやりまして、これは警視庁は英断をいたして、谷垣さん、立派なものだと思いますけれども。ただ、部屋をかえたんですけれども、やはり情報公開を請求してくる人間の画像をアプリオリに撮ることは問題があるということで、一応部屋をかえたんだけれども、撤去された。谷垣さんの判断でそうなったということで。

それにまつわって、国会の監視カメラがすごい知らぬ間にどえらけにゃあようけできてしまって、このことは一定の必要性はあるんです、やはりあります。だけれども、世界のルールを見てみますと、非常に厳しいです。たくさんつくればつくるほど、やはりその画像はどう処理するかとか、ちゃんとここに監視カメラがあると表示しろとか、そのデータをどうするかとか、そういうことは当然のように、それから、もっと厳しいところは、アメリカ・ワシントンDCなんというのは、写してもこういう書類などをカメラで撮ってはならない、そういうふうな規定まで置いて、国民の自由を守るということに意を砕いておるわけでございます。

とりあえずちょっと法務大臣に、人権擁護の現状におきまして、一応最高責任者の法務大臣、そのお立場、それから政府の中で、今のところ何のルールもありやせぬわけですよ、日本じゅうに、監視カメラ。何かわけわからぬ、めちゃくちゃあって、何にもないということでございますが、ちなみに言っておきますと、民主党はきょう朝、このいわゆる監視カメラと人権の調整をどうするかという法案を提出するということで部会で承認されましたということですけれども、政府として何らかの、積極的に人権を守るために方策をとっているということを一言ぜひ言ってくださいよ。お願いします。

森山（眞弓）国務大臣　監視カメラというのが最近特にいろいろなところで話題になっております。通常は警備その他防犯の目的で設置されるものでございまして、最近では、民間も含めて広く利用されているというふうに聞いています。

他方で、それが安易に設置されて、あるいは記録されたデータが目的外に使われるというようなことがあっては、個人の肖像権とかプライバシー権の保護の観点から極めて問題であるということはおっしゃるとおりでございます。

監視カメラの設置の是非につきましては、設置目的が正当であるかどうか、設置の必要が認められるかどうか、設置状況が妥当かそうでないか、使用方法が相当かそうでないかなど、いろいろと判断する必要が個別にございまして、統一的な設置基準や運用のルールを設けるのは容易ではないと思われますけれども、監視カメラを設置する機関におきましては、設置、運用するに当たりまして、それぞれの具体的な状況に照らして、個人のプライバシー等を不当に侵害しないように十分配慮しなければならないと思います。

河村（た）委員　もうちょっといいことを言うとこれは格好いいんだよ、大臣。立法化を、一応ルールを定めて、やはり法規、一応の、例えば、一番原則的に言えば、ここにありますという表示はするようにするとか、そういうような法制化を考えていくということぐらい言うと格好いいんですよ、これ。今これは新しい時代の、本当に世界じゅうでの大テーマですから、そのぐらい言ったらどうですか。

森山国務大臣　先ほど申し上げましたように、目的が正しいかどうか、設置の必要があるかどうか、設置の状況が妥当かどうか、あるいは使用の方法が相当であるかどうか、その他さまざまな問題点を個別によく検討しなければいけないと思いますので、何か一つ、あるいは一定のルールを決めてそれを法律にするというのはなかなか難しいのではないかというふうに私としては感じます。

河村（た）委員　それなら、せめて閣議で提案するぐらいは言ってくださいよ、これ。

森山国務大臣　今申し上げましたような難しい問題がありますので、なかなか閣議で提案するのはさらに難しいと思います。

河村（た）委員　そういう情けないことを言っておるもので、なかなか時代が進んでいかない。そんなのは、提案するなんて、提案すればいいじゃないですか。どういうものをというか、こういうことを考えていこうと。そのぐらい、いいでしょう。どうですか。

森山国務大臣　個別の監視カメラについて、これはどうである、あれはどうであるということをそれぞれ設置者が考えるべき問題だと私は思います。

河村（た）委員　本当はそれでは全然いかぬのですよ。やはり考えていくことはやらないかぬです。個別にやるのか、民間がやるのと国がやるのといろいろあるけれども、本当のアバウトなところでいいんですよ、本当のアバウトなところで。例えば、民間のコンビニの前についておるもの、では、これは政府としてはさわらぬでいくのか、さわるのかとかあるわけね。そのぐらいの気持ちにならぬですか。時代の要請だから一遍考えましょうというぐらいのことを言われたらどうですか、それは。

森山国務大臣　それぞれの設置者がプライバシーや個人の肖像権その他について十分考えていただくということは一種の常識でございまして、そのようなことを十分考えてほしいということは私も思っておりますし、そういう問題を検討しよう、あるいはどういうふうに表現すればいいかというようなことを考えるのはいいと思いますけれども、そのような問題がすぐには法律にはなりにくいのではないかというのが私の感じでございます。

河村（た）委員　余り言っておってもしようがないけれども、後ろの人の声がそのまま聞こえてくるものなので、これではいかぬです、本当に。やはりこれは議員が議院内閣制で行政府の長におりますから、そういうふうにやってもらわないかぬ。

では、これはこれで、希望だけ申しておきますので、いろいろなルールがかなりいろいろありますから、法律で決めるとたまたま言っただけのことであって、民間は決めないというのもありますので、あらゆるものを含めた、個別的にこうこうはないけれども、スタートラインにはつこうというぐらいのことは、ぜひそう言ってください。

森山国務大臣　監視カメラというものが非常に最近注目されている問題でございますから、それについてみんなで総合的に勉強しようということは言えると思います。（河村（た）委員「内閣で」と呼ぶ）内閣というのは、ちょっとそういう性格のものではないと思いますので……（河村（た）委員「政府で」と呼ぶ）政府の関係する機関でそれぞれ勉強するということは重要なことだと思います。

河村（た）委員　何だか知らぬけれども、わかりませんけれども、まあいいわ、それは。

それでは、次は衆議院の方に。

きょうはちょっと珍しいですけれども、いつも議長席で座っておられるその御尊顔を拝しておりますけれども、事務総長が来ておられますので、この衆議院の、たくさんあるんですよね、これは、監視カメラというのはたくさんあるんですよ。

これは自民党に言っておきますけれども、本来は保守の思想だからね。わかります、これ。住基ネットもそうだけれども、住基ネットなんて、自民党は賛成したらいかぬのですよ、言っておきますけれども。国民の自由を管理からどう守るか、自由主義というのはそういう思想なんであって、そんな、番号をつけてみたり、監視カメラをどんどんつくるという発想なんというのは、これはそれこそ全体主義の発想なのよ。間違ってもらっちゃいかぬですよ。本来の保守主義の思想というのは、一定の必要性はあるけれども、やはり個人の自由を社会の中でどうやって守っていこうかというのが、これこそが自民党がやらないかぬ、そういうことですよ、これは。こんなこと言っていかぬけれどもね、そういうことです。

そういう立場で、この経緯、どういうふうで、また、どういう根拠でこれがつけられるようになったか、ちょっとお答え願います、事務総長。

谷（福丸）事務総長　お答えいたします。

細かい経緯は警務部長の方からあれしますけれども、あらあらのことを申し上げますと、そもそも監視カメラをつける契機といいますのは、具体的に、委員長、藤井委員長でございますが、そのときに大変セキュリティーが問題になりまして、話題になりまして、それでセキュリティー協議会をつくって、議運の中にそういうあれをして、私ども事務局に勉強を命じられまして、それで民間に委託して、その答申に基づいて、カメラを設置すればよろしいだろう、こういうお答えをいただいたのですが、もともとその前に、警務が今、交代制勤務でございますけれども、要するに、週休二日の休みがなかなかとれないので、勤務を軽減しますといいますか、要するに、機械化をすることによってそういうのが実現できるんじゃないかという、かねて問題意識がありまして、私どももそういう意識で勉強していたところに、そういう委員長の御指示もあって設置したと。

その設置を進めているうちに、十三年の九月の十一日に例のテロの事件が起こりまして、また一挙にセキュリティーの問題が高まりまして、さらに全般的な監視カメラを増設したり、それから門のところの車の防止よけをつくったり、こういうことで現在監視カメラをつけておりますが、もともと先生も、こんなことをおっしゃったら、大変恐縮でございますけれども、私どもというのは、要するに先生方の活動あるいは先生方を補佐するために存在している事務局でございますから、要するに、それもこれもすべて先生方の活動のために、そのための秩序維持をするために私どもも努めてまいっておる、こういうことでございます。

河村（た）委員　そうすると、これ、どこかで決まったことは決まったの、ちゃんと議会をやって。議事録とかあるんですか。

谷事務総長　予算でございますから、予算の執行につきましては、あらあらそのときに概算要求、あと予算書を提出しまして、正月にそういうあれしますけれども……（河村（た）委員「予算じゃなしに設置」と呼ぶ）設置につきましては、議運で、警察小委員会でお諮りはしてあるんですが、定かな記録は残ってございません。懇談のことで大いに議論になって決まった、こういう感じでございます。

河村（た）委員　なるほど。

そうすると、どう言いましたか、定かな会議録はない、懇談の中で決まったと。懇談の中でどういうふうに決まったんですか、これは。

谷事務総長　お答えいたします。

もう御案内のことかと思いますが、庶務小なり警察小委員会なりというのは、大体、大方、実質的な審議では、すぐ懇談に入りますものですから、懇談というのは、要するに正規には議事録をとりませんものですから、したがってそういう意味で記録がない、こういうことでございます。

河村（た）委員　別に事務総長は、一応ルールだと議長が最高責任者ですね、衆議院は。だから、議員が決めることですから、決まったことをやっておるだけだ、こういうことですか。

谷事務総長　そういうことでございます。

河村（た）委員　となると、議員が問題意識を持たないかぬということで、本当は議運でやるのもあれかわかりませんけれども。民主党の議運の長浜理事にはそう言っておきましたけれども、仁義だけは立てていかないかぬものですから、きょう、法務でこうやってやるよということは言ってありますけれども。

そうすると、それはそれで、議運でやっていただく。しかし、これは大事なことですからね。

あそこに全部ついておりますと、私もこの間、中の監視卓に行きましたけれども、通行人、全部わかりますからね。この間、私が、ずっとこういうのついておると言うて、ああ、これかこれか言うたら、きれいに映っておりますわ、みんな、そういうやつが。きれいに映っておるし、メモもとっておられるということでございます。

となると、決めたことはいいんだけれども、運用ルールって、あるわけ。

井上（茂男）参事　運用ルールというのは存在してございません。

河村（た）委員　存在しないと言うけれども、これはあかんよ、決めたことであっても。決めたことは何でも知らずにやりますということではいかぬですよ。やはり国民の、民主主義の殿堂でしょう、ここは。これを、来る人、全部カメラで映るわけでしょう。

準備等はしてあるのか、どうなっておるんですか。

井上参事　現在作成中でございます。

河村（た）委員　作成中というのはどういうことかようわからぬけれども、それじゃ、何でつくらぬかったんですか、運用ルールを。

井上参事　カメラの設置の目的が、ただ、院内への不法侵入者を排除するということを目的としていますので、それでよかろうということで、頭の中に上がらなかったのではないかと考えております。

河村（た）委員　不法侵入者防止だけだったら、それこそ内部を映しておいたらどうなの。例えば塀の中だけ映るように。どうだね。

井上参事　今のところ、外の不審者を探すというのが目的も入っていますので、中だけ撮っていますと、入ってこられたという、既遂に終わってしまいますので、それはちょっとまずかろうと思いますが。

河村（た）委員　では、外の不審者と言いますけれども、これは不審者だけ映るんですか。

井上参事　もちろん、御指摘のとおり、そういうことはございませんが、侵入行為に着手した者が不審者でございます。

河村（た）委員　いや、不審者だけ映るのかと聞いている。はっきり言ってくださいよ。

井上参事　不審者だけは映りません。

河村（た）委員　そういうことなんですよね、これは。日本国民が映るわけですね、ここを通った人は全部。

どの辺まで映っておるのですか、フェンスの外。

井上参事　カメラの設置場所にもよりますけれども、数メートルから十メートル先が映るということでございます。

河村（た）委員　十メーター。

そうすると、それはあれですか、ちょっと聞いておくわ。何台あって、お金が幾らかかって、それは入札されたかどうか、まずちょっと聞いておきましょう。

井上参事　現在二十三台ございまして、総費用が一億四千八百万円余でございます。入札してございます。入札して、結果でございます。（河村（た）委員「『入札した』と呼ぶ」）はい。

河村（た）委員　入札しておらぬと聞いておるぞ、わし。随意契約と聞いておるがな。これ、きのう質問通告してあるよ。

井上参事　私どもは、きのうの時点で、入札の話はちょっと警務に届いていなかったものでございますから、原則として入札をするべきものだということでお答えさせていただきましたけれども、ちょっと申しわけございませんでした。

河村（た）委員　いや、ちょっと待って。これはきのう言っておったぜ、おれ。

入札でないと言っていましたがね、随意契約だと言って。左の制服の方、ちょっと名前を忘れちゃったけれども、おったでしょう、横に。しゃべっておったがね、目の前で。頼むぜ、本当のことを言ってくださいよ。

井上参事　あいまいなことで大変申しわけございませんが、最初に十六台設置しまして、そのときには恐らく入札をやるわけでございますけれども、追加の分につきましては随意契約になるというのが、会計の方の処理では、会社がかわるというのも統一的な運用ができませんので、やっていないというのは追加の分かもしれません。随意契約……（河村（た）委員「かもしれませんか。これは断言してください」と呼ぶ）申しわけございません。

河村（た）委員　断言してくださいよ。こんなことは委員長、こんなのは絶対に断言できないかぬですよ。発注者でしょう。発注者でしょう、衆議院。これは発注者は断言できないかぬですよ。

井上参事　最初が入札で、追加分が随契でございます。

河村（た）委員　それだけのものが設置されておるということですね。

歩行者に対する、要するに、ここに監視カメラがありますよというのを張ってありますか。

井上参事　そのような案内表示はございません。

河村（た）委員　これは本当に、余り事務局を怒ってもしようがないんだけれども、これはやはりまずいですよ。警察でも、やはり歌舞伎町なんかのものは張ってありますね。何か保護色で、同じ色のものでわからないようなのもありますけれども、これは本当にやらないかぬですよ。

そんな、国会がそういうものなしで、私も自分で気がついたんだ。警視庁にいかぬじゃないか、いかぬじゃないかと言って、警視庁さん黙っておりましたけれども、あなた、自分の国会で何も言わずに何を言っておるんだという話ですよ、言ってみれば。これはまず、せめて監視カメラ作動中とか、やる気持ちはないですか。

井上参事　これから作成いたします運用規程の中で、先生御指摘の部分も十分取り入れていきたいと考えております。

河村（た）委員　それはいつごろからつくろうと思

っていたわけ、運用ルール。きのうからじゃないですか、下手したら。

井上参事　きのうということではございません。かなり前からでございます。（河村（た）委員「本当かね。いつからですか」と呼ぶ）数カ月前からということで御理解いただきたいと思います。

河村（た）委員　では、それは委員会か何かつくって、どういう会議でやりましたか。

井上参事　初めてのケースで、恐らく、私ども考えておりますのは、運用規程でございますけれども、案を、たたき台をやはり事務局といいますか警務部でつくりました上で、警察小委員会の了解をとった方がよろしいのではないかと考えておるところでございます。

河村（た）委員　まあいいわ。余り責めておってもいかぬですから。本来はこれは議員の方の問題ですから、余り責めておってもいかぬですけれども。

では、あそこにありますね、向こうに議面、この向こう側に。これは請願をやりに来るところですよね。あそこにはついていますかね、監視カメラ。

井上参事　はい、ついてございます。

河村（た）委員　それは当然、顔も映りますか。

井上参事　はい、映ります。

河村（た）委員　それはズームで何倍ぐらいの能力がありますか。

井上参事　ちょっと機械的な性能については数字を持っておりませんが、意図的にズームにするというような日常的な作業はやっておりませんので。

先生御視察の折にごらんいただいたように、モニターは二十四ほどありますけれども、実際に常時それを見続けているという衛視はいないわけでございまして、何かあったときに音がして、ここを見てくれという警告が出るだけのことですから、あえて、だれが来ているのか、どの特定のグループが来ているのかということを監視する目的が全くございませんので、ズームにする必要はないと思います。

河村（た）委員　それは録画機能はありますか、それじゃ。

井上参事　はい、録画機能がございますが、これにつきましても、何も事件なり事故がなければ、あえて警務部の方で再生してじっくり調べるというのは、実益もございませんので、そういうことはやりません、やっておりません。

河村（た）委員　録画は今どうやってやっておるの

ですか。

井上参事 自動的に録画になります。

河村（た）委員 自動的ということは、全二十四時間、二十三台分、全部録画をして、それが何日分、どれだけ分保存しておってと、その辺のところをちゃんとお答えください。

井上参事 全台、全テレビ、二十四時間で録画といいますか記録はとれますけれども、それについても、先ほど申し上げましたように、何ら事件、事故がなければ、あえて再生する……（河村（た）委員「保存はどうなっていますか」と呼ぶ）保存は、今のところ、一週間程度で自動更新していきますので、一週間前に撮った画像というのは自動的にどんどん消滅していきます。

ということで、この一週間が長いか短いかはいろいろ先生方の判断があると思いますけれども、御理解いただきたいのは、録画していますけれども、あえてそれを再生する必要性というのはほとんどないということを御理解いただきたいと思います。

河村（た）委員 そのビデオの、では、そこの議面のところに来た人の顔は、全部、顔というか、後ろを向いておれば別ですけれども、いわゆる一般的に入ったものは一週間分全部録画されておるということでいいですね。

井上参事 はい、そのとおりでございます。

河村（た）委員 これはやはりもうちょっと国民のことを考えないかぬよ。請願に来るということは、情報公開もよく似ていますけれども、やはり国民からすれば一定の権力に対して乗り込むわけですよ。これは、特にそういうのをみんなで大事にしようという憲法の規定もあるわけでしょう。これは一週間分、国民の皆さん全部映っておるわけだ、来た人の。いろいろな、さまざまな請願がありますよね。

だから、あなたはそう言われるけれども、それは、要は変な悪用はしないということでしょう。だけれども、それはファイルできるわね、やろうと思えば。どうですか。

井上参事 恐らく、間違いなく、そのことも含めて運用規程に必ず入れなければならないことだとは思いますけれども、私どもの職域というのは院内に限られておりまして、請願に来られた皆様方の一人一人がどなたであるとか、どの団体が来たとかいうことは、録画を再生して追求したところでほとんど意味がないということで、実質的に現在のところ運用規程はございませんが、そういう御心配はされなくて結構ではないかというふうに恐れながら考えております。

河村（た）委員　それは事務局に言うんじゃないけれども、これは国会議員が考えないかぬことなんだけれども、本当にいかぬです、これはルールなしでやるというのは。これはいけません。そんな、請願に来た人の顔を二十四時間全部撮って一週間ファイルしておる。とんでもないことだよ、ルールなしに。そういうことです。

これは民主主義の府として、中心として、国会がやってはいかぬことです。だから、一刻も早く、これは議運なり、こっちの法務の方からも、そういうことでしょう、大臣。国民の人権にかかわることですよ、これ。どえらい人権にかかわることですよ。だから、ちゃんとルールづくりをせないかぬということを、そのぐらい言ってもいいでしょう。法務大臣、どうですか。

森山国務大臣　国会の監視カメラにつきましては、今御説明があったように鋭意検討していらっしゃるそうですので、運用のルールを決めていただくということでよろしいんじゃないでしょうか。

河村（た）委員　何だか知らぬけれども、えらい客観的なお言葉ばかりでなんでございますけれども、そういうことですよ。そういうことに問題意識を持つという精神が、少なくとも僕は、国会議員が権力側であるという、余りそういう表現は使いたくないですけれども、やはり常に自戒しておらないかぬ、国会議員なり政府というのは。税金で食っておる人間というのは。

それと、一定の権力を持っていますから、そういう人間は、やはり国民に対して、常にパブリックサーバントであるという原点を絶対に忘れぬようにせないかぬということは、特に自由民主党の皆様にもお願いをしておきます。本来の自由主義というのはこういうものであるということだと思いますけれども。

それから、六月十八日に記者会見か何かで記者クラブに、これを余り報道せぬでくれというようなことを言ったという話がありますけれども、これは事実でしょうか。

井上参事　そういう事実はございません。

河村（た）委員　ございません。説明したこともないですか。

井上参事　説明はしましたが、そういうことを要請したということはございません。

河村（た）委員　説明はされた、こういう状況だということを。

いいです、それ以上はいいけれども、ぜひこれは、事務局というよりも、国会議員である以上、やはり国民の権利を大事にするように、これは委員長、ひとつどうですか、御感想は。

山本委員長　委員長は議事を進めることが委員長の職務でありまして、感想を述べるのが職務ではありませんので、どうぞ質問を継続してください。

河村（た）委員　本当はそういうことじゃないんですよ。委員長というのはすごい権限を持ってしかるべきなんですよ、本来は。党より委員長の方が強い。そんなのは当然に本当はそうなんだけれども、いいです、余り、こういうふうにうなずいておられますので、そのくらいにしておきますけれども。

ぜひ、僕は請願の窓口は撤去せないかぬかわからぬと思いますね、あそこは。防犯だったら、防犯目的だけだったら、ちょっと人数が物すごい来ますから難しいけれども、例えば金属探知器をきちっとするとか、ほかの方法はあると思うんですよ、あそこのところは、特に請願窓口は。

だから、そういうことも含めてぜひ御検討を、皆さんからまた議運の方に上げてもらわないかぬけれども、そんな問題点を提言してください。どうぞ答弁してください。

谷事務総長　お答えします。

今先生御指摘の点は、るる、私どもも十分至らなかった点もあると思いますから、マニュアルもそれは至急作成しまして、これは議運で一つのルールづくりのために、警察小委員会に近々上げるようにお話をしたいと思います。

河村（た）委員　ありがとうございます。

資料■国会監視カメラ（防犯・警備モニター）設置に関する抗議と撤去の申し入れ

二〇〇〇年六月一八日

衆議院議長　綿貫　民輔　殿
参議院議長　倉田　寛之　殿

　私たちは環境や平和、人権などの問題に取り組む市民団体・NGOです。

　私たちは、政策等について意見を述べたり、審議を傍聴するために、日常的に国会や議員事務所を訪れています。

　しかし最近、そのような私たちの行動が、国会内外に設置された多数のビデオカメラによって監視されていることがわかりました。現在、衆議院では16台、参議院では二〇台の監視カメラが運用されているとのことです。防犯や警備を目的に、衆議院では二〇〇一年6月に、参議院では二〇〇二年一二月に設置され、参議院では議員会館にも今年三月に新たに設置されたとのことです。


　私たちは、よりよい社会の実現のために、積極的に国政に参加することを目的に国会を訪れています。妨害や破壊、その他の犯罪を犯すために国会を訪れているわけではありません。そのような私たちの行為がカメラによって監視されていたことに驚きを覚えるとともに、非常に大きな不快感と怒りを覚えます。

　よって、以下のような理由から、国会監視カメラの即時運用停止と即時撤去、蓄積された録画映像の消去、管理記録等運用状況の情報公開を求めます。
1．私たちが陳情や請願、傍聴などのために国会を訪れるのは、請願権として憲法に保障された市民としての当然の権利に基づくものです。しかし、そのような私たちの行動を、監視カメラによって撮影・録画し、記録として残すことは、私たちの権利を心理的、物理的に制限するもので、とうてい許されるものではありません。
2．私たちは同時に、憲法13条が保障する「肖像権」において、みだりに姿を撮影されない権利を有しています。国会監視カメラは、このような私たちの権利をも侵害するもので、請願権の侵害に加えて、二重の意味で権利を侵害していると言えます。

3．さらに現在、監視カメラが設置されていること を示す標示はなく、傍聴や陳情の際にそのような注意を受けたこともありません。また、広報やホームページ等でも同様の情報提供はなく、私たちはまったく監視カメラの存在を知らされることなく、一方的に撮影されていたことになります。そのような設置方法が、果たして社会通念上許されるのか、非常に疑問です。そのような方法では、「隠し撮り」と批判されても反論できないのではないでしょうか。

4．「防犯・警備」を理由にしたとしても、監視カメラを設置する場合、具体的かつ客観的な根拠が示されなければならないことは、すでに判例等で規定されています。つまり、カメラの設置場所で犯罪等が起こる蓋然性や、設置によって犯罪の捜査に効果があることなどについて、合理的な説明がなされなければならないのです。しかし、私たち被写体たる市民にそのような根拠が示されたことはありません。国会監視カメラは、そのような手続きの面でも正当性を欠いています。

5．また、撮影された映像は個人情報です。この個人情報がどのように管理され、どのような業務に使われているのか、私たちは容易には知ることができません。運用規則の有無さえわからない運用のあり方は、個人情報の取り扱いについて、安全性や透明性の確保を求めた「個人情報の保護に関する法律」の理念にも相反します。

このように、請願権や肖像権の侵害につながる上、設置方法・根拠・運用の面でも不適切である国会監視カメラは、直ちに運用停止・即時撤去すべきです。

以上

【申し入れ団体】日本消費者連盟／盗聴法に反対する市民連絡会／許すな！憲法改悪・市民連絡会／フォーラム平和・人権・環境／一矢の会／反住基ネット連絡会／監視社会に反対するネットワーク／NGO非戦ネット／ユーゴネット／旧ユーゴの子どもを支援する会／ヤブカ募金／日本ネグロスキャンペーン委員会／ふぇみん婦人民主クラブ／戦争反対、有事法案を廃案に！　市民緊急行動／原子力資料情報室／たんぽぽ舎／戦争と女性への暴力」日本ネットワーク（VAWW-NETジャパン）／平和の白いリボン行動・藤沢

【連絡先】日本消費者連盟　〒162-0042　東京都新宿区早稲田町七五日研ビル2F　電話03-5155-4765

あとがき

　監視カメラの歴史は、ビデオカメラの歴史と同じくらい長い歴史を持つが、監視カメラが大きな関心を呼ぶようになったのは、ごく最近のことだろう。警視庁が東京新宿の歌舞伎町に五〇台の監視カメラを設置したことをマスメディアが大々的に報じたことがそのきっかけになったといえるかもしれない。私自身も、盗聴法廃止運動やインターネットや情報通信における監視問題、住基ネット問題にこの間取り組みながら、監視カメラの問題にも大きな危惧を抱いてきた。私が編者として出版した『監視社会とプライバシー』（インパクト出版会）でも、Ｎシステムを取り上げた。

　毎年三月に東京のビッグサイトで開催されている「セキュリティショー」とよばれる産業見本市がある。国内外のセキュリティ産業が最先端のセキュリティ製品を紹介するセキュリティ関連では日本でも最大級の見本市だ。この見本市では、監視カメラはさまざまな生体認識テクノロジーや情報通信技術と融合し、人々のプライバシーなどへの配慮よりもいかに細大もらさず監視、追跡できるかで企業はしのぎをけずっている現状が如実に見て取れる。こうしたセキュリティ産業には、監視技術についての企業の社会的な責任意識もなければ、人権への配慮もなく、犯罪が企業のビジネスチャンスであることに嬉々としてハイテクの快楽に酔いしれている。

監視カメラ礼賛の風潮の一方で、監視カメラ問題を冷静に見据えてその問題を理解する上で必要な基本的な情報は必ずしも十分には提供されていない。監視カメラの現状がどうなっているのか、法的に見た場合、監視カメラの野放しには問題はないのか、監視カメラに反対する市民運動の現状はどうなっているのか、海外の現状はどのようになっているのか、IT監視社会といわれるような社会の仕組み全体のなかに監視カメラや犯罪捜査などをどのように位置づけて理解したらよいのかなど、監視カメラ問題を批判的包括的に理解するための文献はほとんど出版されていない。

本書は、こうした課題に応える目的で編まれ、すべて本書のために新らたに書き下されたものである。本書の寄稿者はいずれも監視カメラの蔓延に大きな危惧を抱く批判的な立場を共有しているが、寄稿者の個々の主張についてまで見解を共有するような作業を行ってはいない。むしろ、批判の観点の多様性を尊重することを前提としている。本書は、警察や行政・政府、マスメディアが報じる型通りの監視カメラ擁護論に根本的なところで反論を展開するという課題をかなりの程度まで達成できたと考えている。ぜひとも監視カメラ問題に関心を寄せ、憂慮する多くのみなさんが本書を活用してくださることを期待します。

（小倉利丸）

執筆者紹介

小倉利丸（おぐらとしまる）
富山大学教員。ネットワーク反監視プロジェクト（NaST）に所属。訳書にネグリ『マルクスを超えるマルクス』共訳・作品社。共著に『世界のプライバシー権運動と監視社会』明石書店など。

小笠原みどり（おがさわらみどり）
朝日新聞記者。99年から住民基本台帳ネットワークや監視カメラを取材。著書に『世界中のひまわり姫へ～未来をひらく女性差別撤廃条約』ポプラ社、『教える育つ』本多企画、『個人情報保護法と人権』共著、明石書店など。

山口響（やまぐちひびき）
1976年長崎県生まれ。一橋大学社会学研究科博士課程在籍。国家の暴力・強制力の問題に関心を持ち、監視社会化に反対する運動と反戦平和運動に関わる。

山下幸夫（やましたゆきお）
東京弁護士会所属。日弁連の刑事法制委員会、組織犯罪関連立法対策ワーキング・グループ等に所属。著書に小倉利丸編『監視社会とプライバシー』インパクト出版会など。

浜島望（はましまのぞみ）
1932年生まれ。一矢の会代表。「Nシステム体制」批判の実践部隊としての活動をつづける。著書に『警察がひた隠す 電子検問システムを暴く』『警察の盗撮・監視術—日本的管理国家と技術』（共に技術と人間）など。

山際永三（やまぎわえいぞう）
1932年生まれ。映画監督。人権と報道連絡会。冤罪事件の支援運動を続ける。共著に『「悪魔のおまえたちに人権はない！」』（社会評論社）など。

角田富夫（つのだとみお）
1946年生まれ。破防法・団体規制法反対運動、盗聴・監視・管理社会化に反対する運動などに従事。

路上に自由を　監視カメラ徹底批判

2003年11月5日　第1刷発行

編　者　小倉利丸
発行人　深田　卓
装幀者　貝原　浩
発　行　㈱インパクト出版会
東京都文京区本郷2-5-11　服部ビル
Tel03-3818-7576　Fax03-3818-8676
E-mail：impact@jca.apc.org
郵便振替　00110-9-83148

モリモト印刷